서울
다이어리

한승희 수필집

서울

다이어리

초판인쇄 | 2023년 10월 16일
초판발행 | 2023년 10월 25일
지은이 | 한승희
펴낸이 | 김경희
펴낸곳 | 말그릇

      (우)02030 서울시 중랑구 공릉로 12가길 52~6(묵동)
      전 화 | 02-971-4154
      팩 스 | 0504-194-7032
      이메일 | wjdek421@naver.com

      등록번호 2020년 1월 6일 제2020-3호

인   쇄 | (주)쌩큐컴퍼니

ⓒ 2023 한승희
값 14,000원

ISBN 979-11-92837-01-7 03810

• 저자와 합의하에 인지는 생략합니다.

• 잘못된 책은 구입하신 곳에서 교환해드립니다.

이 도서의 국립중앙도서관 출판예정도서목록(CIP)은 서지정보유통지원시스템 홈페이지(http://seoji.nl.go.kr)와 국가자료종합목록 구축시스템(http://kolis-net.nl.go.kr)에서 이용할 수 있습니다.

※이 도서는 2023년도 한국예술인복지재단 예술인 창작준비 지원금을 받아 발간되었습니다.

서울
다이어리

한승희 지음

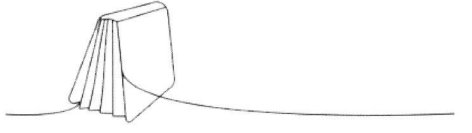

| 프롤로그 |

잊고 살았다.
인현동은 그대로인지 보문동은 또 어떻게 변했는지
서울 어느 하늘 아래 있겠구나 하면서
내가 이고 사는 하늘 아래 생활만큼이 전부고 우주였다.

불현듯 어느 날
고향이라는 곳이 그리웠다.
가 보고 싶었다.
아버지가 사무치게 그리워하던 원산
그토록 노래했지만 결국 가지 못한 고향

내 마음의 고향은 어디일까?
갑자기 한 바퀴 도는 어귀에서
기억 속 동그라미 조각을 찾아 맞춰 보고 싶었다.
서울 삶 60년
《서울 다이어리》는 사소한 것들의 기록이다.

소소한 이야기라 염려스럽지만
그래도 용기를 냈다.
기억 속 잔상이 사실과 다를 수도 있다는 것을
책을 묶으면서 느꼈다.

살아가는 일이란
더러 희미해지고 더러는 잊히지만
마음속에서 살아있는 어떤 흐름이
지금의 나를 지탱하고 있는 것이 아닐까.

좋은 날 좋은 사람들과 더불어
하루하루 의미 있게 보내고 싶은 바람으로
작은 나의 이야기를 세상에 내놓는다.

2023년 가을

한승희

차례

프롤로그 ··· 4

1. 품다

그리운 인현동 ··· 12
그해 여름 ··· 18
집으로 가는 길 ··· 25
재동 83번지 백송 ··· 32
서울운동장을 아시나요? ··· 37
여고 시절의 환유換喩 ··· 42
경희궁 뜨락을 거닐며 ··· 46
맹꽁이 사총사의 크리스마스이브 ··· 50
진토닉 한 잔 ··· 55
경춘선 완행열차 ··· 62
정릉 경국사를 찾아서 ··· 67
딸기잼을 만들며 ··· 74

2. 여물다

마음에 불빛이 들어올 때 … 80
수세미 덩굴 그늘 아래서 … 87
단맛을 찾는 하이에나 … 93
당신을 환영합니다 … 98
베란다에서 … 103
꽃씨 한 알 … 108
한눈팔기 … 113
데스밸리 단테스 뷰 … 118
간절곶에서 하룻밤 … 124
오이지 … 133

3. 펼치다

조용한 알람 … 140
순수한 맹목 … 146
지금, 화양연화 … 152
그날의 춘천 … 159
연신내 보름달은 … 166
천국과 지옥 사이 … 172
별이 빛나던 밤에 … 179
플랜테이션 카페 … 185
춤추는 하모니카 … 191
엄마의 스카프 … 196
깻잎 조림 … 201

4. 날다

한마디 말이 … 208
시어머니의 다듬잇돌 … 212
화석이 된 글 … 216
다시 피는 산국화 … 223
나비, 날다 … 228
불광문고 … 234
방구석 휴가 … 239
신인류로 진화 중 … 246
동지팥죽 … 252
끝나지 않은 항해 … 257

에필로그 … 263

눈을 감고 잠시 서 본다. 양팔을 뻗으면 닿을 듯 손금처럼 퍼져 있는 좁은 골목길 고샅마다 숨바꼭질 구슬치기하던 어린것들의 웃음이 들리는 듯하다. 낡은 속옷들과 양말 짝들이 허공에 매달려 펄럭이던 풍경도 떠오른다.

1. 품다

그리운 인현동

그해 여름

집으로 가는 길

재동 83번지 백송

서울운동장을 아시나요?

여고 시절의 환유換喩

경희궁 뜨락을 거닐며

맹꽁이 사총사의 크리스마스이브

진토닉 한 잔

경춘선 완행열차

정릉 경국사를 찾아서

딸기잼을 만들며

그리운 인현동

세상에서 가장 평화로운 오후의 한가함을 품고 있는 곳. 마음이 먹먹한 날, 곰삭은 기억들이 밀려오면 언제든 한달음에 달려가 안기고 싶은, 고향은 나에게 그런 곳이다.

마당 안에서 올려다보던 네모난 하늘이 내 우주의 전부였던 곳. 아버지의 땀 냄새, 엄마의 다정한 목소리, 새까만 상고머리 아이, 마당 가득 퍼지던 환한 웃음. 젊은 엄마 아빠가 있는 내가 기억하는 고향 집이다. 지금은 너무나 변해버렸고 집 같은 건 이미 오래전에 없어져 버린 내가 살던 곳 서울 중구 인현동.

그 시절 을지로2가에는 국도극장과 풍전상가가 있었다. 상가 안쪽으로 미로처럼 이어진 좁은 골목 끝에 우리 집이 있었다. 칠이 벗겨진 양철지붕을 이고 있는 집. 대문도 없는 마당에 연탄불이 피워져 있고, 그 위에 올려놓은 찌그러진 양철통 안에서는 아교가 녹고 있었다. 아버지는 뙤약볕 아래서 러닝셔츠 바람으로 땀 흘리면서 쉬지 않고 양철통 속으로 아교를 밀어 넣고 계셨다. 서너 살이나 되었을 나는 마당에 쪼그리고서 공기놀이를 하고 있고, 두 살 아래 남동생은 나무칼을 차고 뛰놀았다. 배가 많이 부른 엄마는 부엌으로 마당으로 왔다 갔다 하시고, 장독대 옆에는 여름철 한낮의 맨드라미가 빨갛게 타오르고 있었다. 이 기억만큼은 언제나 동영상으로 또렷이 떠오른다.

꽃샘추위가 한창이던 날, 셋째를 낳으러 부모님은 병원으로 가시고 대학생 외삼촌이 나와 동생을 돌보러 왔다. 그날 밤 남동생은 이불에 오줌을 쌌다. 놀란 외삼촌은 아침 일찍 커다란 대야에 펌프질한 물을 받아서 이불을 넣고 발로 밟아 빨아 널었다. 우리는 신이 나서 첨벙거리며 물장난을 했다. 널어놓은 이불에서 뚝뚝 떨어지는 물방울 사이를 비닐우산 쓰고 키들대며 뛰어다녔다. 애를 먹던 외삼촌 얼굴이 보인다.

　그때 태어난 셋째 여동생 이름 승인에 얽힌 비화는 우리 식구가 모이기만 하면 두고두고 하는 애깃거리 중 하나다. 나와 남동생의 이름은 당시 유명한 작명가한테 지었다. 엄마는 셋째 때도 없는 살림에 꿍쳐 놓았던 돈을 아버지에게 주며 아기 이름을 지어 오라 했다. 몇 년이 지난 후 아버지가 실토하시길, 그 돈으로는 술 바꿔 드시고 오는 길에 '승' 자는 돌림자이고 인현동에서 태어났으니 인현동의 '인' 자를 따서 '승인'이라고 지었다고 했다. 기막혀하는 엄마와는 달리 셋째는 재미가 있어 더 특별한 이름이 되었다며 지금까지도 만족해하고 있다.

　우리는 국도극장 옆 풍전상가에 가서 놀곤 했다. 울퉁불퉁한 골목길은 흙투성이였지만 상가 앞은 바닥이 반들반들해서 동네 아이들이 놀기 좋았다. 미끄럼타며 시끄럽게 뛰어다니면 상점 아저씨들이 나와 야단쳤지만, 어둑해질 때까지 몰려다녔다. 역사 속으로 모습을 감춘 국도극장에서 상영했던 〈목 없는 미녀〉 같은 무서운 영화를 볼 때면 아빠 손을 꼭 잡았던 기억이 떠올랐다가 흩어졌다.

얼마 전 엄마 전화를 받고 나서부터 가슴 한쪽이 휑하니 뚫린 것같이 헛헛해서 마음의 갈피를 못 잡고 있었다.
"승희야, 요새 부쩍 인현동 살 때가 생각나. 그때는 나도 젊었는데…."
엄마는 한숨을 쉬며 말끝을 흐렸다. 그 말을 듣고 난 뒤부터 나도 그곳에 살던 시절이 그리웠다. 얼마나 변했을까. 흔적조차도 남아있지 않았겠지. 갑자기 고향 집이 궁금했다. 마음이 급해졌다. 후르르 옷을 입고 밖으로 나섰다. 전철을 타고 을지로2가에서 내려 희미한 기억에 의지하며 인현동 인쇄소 골목으로 들어섰다.
다행인지 오래된 식당들이 예전 건물 그대로 영업하고 있다. 큰 도로 쪽 화려함과는 거리가 먼 퇴락한 골목의 풍경이 친근하게 가슴에 안긴다. 여기쯤이 우리 집이었나…. 돌림노래 부르듯 가물가물한 기억을 붙잡고 골목을 돌아다녀 본다.
다섯 살 때쯤 떠난 인현동을 한 번도 와보지 못했다니. 육십이 지나서야 찾게 될 줄이야. 토막토막 잘리고 빛이 바래 어렴풋하기만 한 내 기억의 파편으로는 우리 집을 찾을 수가 없었다. 어쩌면 내가 잊고 있어서, 그 망각의 세월이 골목 안 우리 집을 지워 버린 것인지도 몰랐다.

눈을 감고 잠시 서 본다. 양팔을 뻗으면 닿을 듯 손금처럼 퍼져 있는 좁은 골목길 고샅마다 숨바꼭질 구슬치기하던 어린것들의 웃음이 들리는 듯하다. 낡은 속옷들과 양말 짝들이 허공에 매달려 펄럭이던 풍경도 떠오른다. 골목을 깨우던 두부장수의 종소리. 저녁이면 힘든 하루를 보낸 식구들을 불러 모으던 깻잎 조림 냄새도 코로 스며드는 듯하다. '아이스게~기'를 외치던 정다운 목소리도, '찹쌀~알 떡' 하던 구성진 목소리도 어스름한 골목 저쯤에서 새어 나올 것만 같다.

이 골목 저 골목을 헤집고 다니고 보니 어둑한 골목 안에 빈집인지 창고인지 오래된 건물들이 있다. 골목은 너무 조용하고 사람 하나 지나다니지 않는다. 순간 그 적막이 무겁게 다가온다.

이제는 사라진 내 유년의 인현동. 아스라해지는 기억 속 고향으로 돌아가 고무줄놀이로 폴짝거리며 뛰노는 해맑은 나를 만나 위로받고 싶었던 모양이다. 어린 시절 맏

앉던 인쇄소 냄새가 한구석에 남았을 저 뒷골목에서 "승희야." 하고 나를 부르는 것 같아 자꾸 뒤돌아본다.

큰길로 나오니 눈앞이 환해진다. 화려한 조명에 고급스러운 카페들이 즐비하다. 아픈 다리도 쉴 겸 복고풍 카페 문을 열고 들어간다. 아이스 아메리카노를 시켜 벌컥벌컥 마신다. 서늘한 기운이 몸속으로 번지자 정신이 번쩍 든다.

어느새 밖은 어두워졌다. 물끄러미 바라본 유리창에 한 초로의 여인이 앉아있다. 상고머리 앳된 소녀의 똘망한 눈빛은 어디 가고 처진 눈꼬리에 무덤덤한 얼굴이 나를 쳐다보고 있다.

그해 여름

 초등학교 4학년 무렵 사업에 실패한 아버지는 호구지책으로 천호동에 있는 백묵공장에 일을 얻었다. 우리가 이사할 당시 천호동은 행정구역상 서울이었지만 허허벌판에 논밭이 있는 시골이나 다름없었다.

봄이면 사택에 사는 아주머니들이 쑥이며 냉이를 캐러 들로 나갔다. 엄마는 날더러 추운데 나가지 말라 하고, 아주머니들은 성가시다며 귀찮아했다. 그래도 졸랑졸랑 따라나서곤 했다. 냉이가 뭔지, 쑥이 뭔지 몰라 잡초만 캐 온다고 야단을 맞으면서도 열심히 쫓아다녔다. 넓은 들판에 나가 바람을 맞으며 뛰어다니는 것이 자유스럽고 좋았다.

여름이면 백 평이 넘는 백묵공장 마당에 다리가 짧은 평상이 가득 깔렸다. 그 위에 성근 대나무 발을 폈다. 그렇게 준비된 평상 위로 하얀 백묵을 일자로 나란히 깔아 놓았다. 공장에서 생산된 백묵을 햇빛에 바짝 말리는 작업이었다.

차르르르 경쾌한 소리를 내며 백묵이 평상 위에 펼쳐지면 온 천지가 밝아졌다. 뜨거운 햇빛과 만난 흰색의 향연은 눈부셨다. 디즈니랜드 속 환상의 나라로 갈 수 있는 문이라는 착각이 들 정도였다. 환상의 나라 문 언저리라도 볼 수 있을까 하는 마음에 눈을 부릅떠 보기도 했다. 가끔 부러져 나오는 백묵은 벽에다 낙서하기 좋은 장난감이었다.

한낮이면 우리는 광나루다리 아래 한강 백사장으로 물놀이하러 갔다. 공장에서 15분쯤 걸어가면 나오는 한강의 모래사장은 부드럽고 넓었다. 수영하는 아이들의 웃음소리와 우산으로 그늘을 만들고 누워있는 멋쟁이 아가씨들, 그들을 힐끔거리는 아저씨들로 북적거렸다. 그 틈을 비집고 오빠들이 먼저 뛰어갔다. 우리는 강물에 뛰어들어

헤엄치고 놀았다. 지치면 물 밖으로 나와 가져온 김밥과 과일을 먹었다.

 소나기라도 쏟아지는 날 물놀이는 최고였다. 비 올 때 온몸을 물속에 담그고 있으면 세상에 나 홀로인 듯 편안한 기분이 들었다. 나는 물속에 들어가서 표면을 때리는 빗소리를 듣는 것을 좋아했다. 여름내 우리는 얼굴이 새카매지도록 한강 백사장을 뛰고 헤엄치며 보냈다. 여름방학 동안 뛰놀던 모래사장은 발을 간지럽혔고 강물은 다정하게 우리를 품어 주었다.

 초등학교 6학년이 되던 1972년은 여러 가지로 기억에 남는 해다. 한강 모래사장은 해수욕장으로 우리에게 즐거움을 주기도 했지만, 지금처럼 제방 시설이 되어있지 않아 장맛비에 한강 물이 넘쳐 마을로 들어오는 일이 비일비재 했다. 특히 근처 풍납동은 해마다 침수되던 곳이었다. 오죽했으면 풍납동을 물납동이라 불렀을까.

 그해 여름방학에 며칠째 비가 왔다. 하수구 물이 역류해 우리 집 현관을 넘을까 말까 찰랑거리고 있었다. 빗발이 아무래도 심상치 않다며 걱정하고 있을 때 윗동네 암

사동에 살던 큰아버지가 오빠들을 보냈다.

"작은아버지, 비가 너무 많이 온다고 애들만이라도 데려오래요."

사태가 심각한 것을 알고 엄마는 옷가지와 중요한 물건을 보자기에 쌌다. 우리는 그것을 들고 큰집 오빠를 따라갔다. 나는 엄마와 아버지를 두고 가는 것이 걱정되었지만 등 떠밀려 큰집으로 갔다. 오후가 지나 집에 물이 차기 시작하자 엄마도 아버지도 큰집으로 오셨다.

하늘에 구멍이 난 듯 며칠 동안 비가 쏟아졌다. 비가 조금씩 잦아들 때 밖을 나가보면 우리 집이 있던 백묵공장뿐 아니라 그 아래 동네는 전부 물에 잠겼다. 우리 집 지붕까지 삼켜버린 시커먼 물은 거세게 흘렀다. 물살에 휩쓸려 닭들이 떠내려갔다. 근처에 있던 양계장 닭이라고 어른들이 말했다.

"저걸 어째."

어찌 된 영문인지 모르는 닭들은 푸닥거렸고 그걸 바라보는 사람들은 안타까워 발을 동동 굴렀다. 냄비며, 옷가지, 책장 등 갖가지 살림살이들도 물속에 잠겼다 나왔다

하면서 떠내려갔다. 엄청나게 불어난 강물은 기괴한 굉음을 내면서 우리의 안타까움은 안중에도 없는 듯 흘러갔다.

여름이면 우리를 즐겁게 해주던 한강 물이, 결 고운 백사장이 저렇게 변하다니. 비를 맞으며 수영할 때 편안했던 강물이 순식간에 시커먼 물살로 변해 우리 집을 삼키고 모든 것을 쓸어가는 것을 보니 괴물 같았다. 자연의 힘에 처음으로 두려움을 느꼈다.

며칠 쏟아지던 비가 그치고 해가 났다. 비구름은 간 곳이 없고 뭉게구름이 떠 있는 하늘은 맑았다. 물이 빠진 집은 온통 진흙투성이였다. 흙탕물이 방이며 마루에 꽉 차 있었다. 벽에는 내 키보다 훨씬 높은 곳까지 진흙이 들어왔다 나간 흔적이 있었다.

이불과 옷가지들을 빨아 말리고 석유풍로 같은 부엌 살림살이들도 깨끗이 닦아 햇빛에 말렸다. 엄마는 우리가 식중독이라도 걸릴까 봐 그 더위에도 땀을 뻘뻘 흘리며 식기를 삶았다. 일은 해도해도 끝이 보이지 않았다. 집 안을 덮친 흙을 빼고 쓸고 닦고 하루해가 짧았다. 우리는 기진맥진했다.

시간이 지나고 조금씩 제자리를 잡아갈 무렵 개학했다. 학교에 가니 몇몇 아이들이 보이지 않았다. 반장인 정순이도 보이지 않았다. 선생님과 정순이네 집에 먼저 가 보았다. 정순이 엄마가 울면서 말했다.

"애들 아버지가 아파 움직일 수 없어 누워만 있었거든요. 갑자기 들이닥친 물에 피하지 못하고… 그만 물속에…."

눈물이 가득한 눈으로 정순이는 앞으로 학교에 못 보낸다고 하셨다. 선생님이 얼마 안 남은 초등학교만이라도 졸업시키자고 설득하였다. 키가 커서 언니 같았던 정순이는 언제나 웃는 얼굴이었다. 불의를 참지 못했고 항상 약한 아이들 편이었다. 우리가 많이 의지하던 반장이었다. 나는 정순이 얼굴이라도 보려고 기다렸으나 이미 친척 집으로 돈 벌러 간 뒤였다.

어느새 저녁 어스름이 깔렸다. 집으로 돌아오는 길에 다시는 정순이를 볼 수 없다고 생각하니 눈물이 터져 나왔다. 갑자기 좋은 친구와 헤어져야 한다니! 쿨럭쿨럭 목 안에서 슬픔이 넘어왔다. 정순이는 끝내 학교에 나오지 못 했다.

내게서도 홍수가 밀려왔다가 빠져나간 것일까. 시간이 지나면서 정순이에 대한 연민도 옅어졌다. 홍수도 그해 여름도 멀어져 갔다. 혹독한 여름을 보낸 나는 몸도 마음도 훌쩍 자랐다.

어린 시절을 보냈던 천호동의 풍경이 사라졌다. 진흙탕길도, 봄이면 쑥이며 냉이가 고개를 내밀던 들길도, 백묵공장, 빠이롯트공장도 없다. 광나루다리도 지난날의 영화를 뒤로한 뒷방 노인네처럼 이름만 광진교로 바꾸고 겨우 명맥을 유지하고 있다. 흐릿한 내 기억 위로 마천루 같은 아파트와 천호대교 올림픽대교가 웅장하게 서 있다. 이제 한강은 시민공원으로 멋지게 탈바꿈했다.

요즈음 딸들과 함께 한강공원을 즐겨 찾는다. 옛일을 알지 못하는 딸들은 시원한 강바람을 즐긴다. 나는 한강의 옛 모습을 떠올리고는 또 다른 감상에 젖곤 한다. 이런 마음을 아는지 모르는지 한강은 내 어린 시절 추억을 고스란히 묻고 오늘도 변함없이 흐르고 있다.

집으로 가는 길

기억은 예기치 않은 곳에서 불현듯 달려온다. 친구와 헤어지고 버스를 타고 집으로 가는 길이었다. 버스는 신설동을 지나 종로를 거쳐 가는 줄 알았는데 보문동 쪽으로 방향을 틀었다.

보문동으로 들어서자 마음속 익숙한 풍경이 다가왔다. 여기쯤일까, 저기였나, 차창 밖으로 고개를 길게 빼고 두리번거렸다. 그곳에서 보문동 큰고모네 집 앞에 놀고 있는 어린 나를 만났다.

서너 살 때쯤이였나. 당시 보문동은 길이 단아했고 고풍스런 한옥들이 모여 있는 조용한 곳이었다. 큰고모네 집도 그 동네 한옥이었는데 커다란 대문을 밀고 들어설

때 삐거덕하는 소리가 좋았다. 대문 턱이 높아 아버지와 엄마가 손을 번쩍 들어 올려 넘어가곤 했다.

함경도 원산에서 월남한 아버지는 큰고모 밑에서 자랐다. 큰고모는 엄마나 다름없었다. 보름달처럼 얼굴이 둥근 큰고모는 언제나 우리에게 너그러웠다. 따스한 햇볕이 비추는 오후, 한옥 네모난 마당에서 소꿉놀이를 했던 일이 또렷하다.

큰고모네를 생각하면 잊을 수 없는 일이 또 하나 있다.

여섯 살이었던 여름, 시골에 사는 열한 살 사촌언니가 삼양동 우리 집으로 놀러 왔다.

"작은엄마, 승희랑 큰고모네 가도 돼요?"

"버스 타고 가야 하는데 갈 수 있겠니?"

엄마는 작은아버지 쉬는 날 같이 가자고 했지만, 언니는 혼자 갈 수 있다고 고집을 부렸다. 할 수 없이 엄마는 언니에게 버스를 타고 내리는 곳을 설명해주며 잘 찾을 수 있느냐는 다짐을 몇 번이나 받은 뒤에 보내주셨다. 우리는 신이 났고 잘 찾아갈 수 있다는 자신감에 넘쳤다.

어른 없이 처음 타보는 버스는 만만치 않았다. 비슷비

슷한 정류장을 구분하지 못하고 큰고모네 집 정류장을 지나치고 말았다. 다음 정류장에 내려 걸어도 되고, 기다렸다가 버스를 타면 되지만 우리는 그때 그걸 몰랐다. 사촌언니와 나는 안절부절못하며 동동거리다가 그만 서울역까지 가고 말았다. 종점이니 내리라는 기사님 말에 사정 얘기도 못 하고 덜렁 내리고 말았다. 어둠살이 포위해오고 있었다. 휴대폰은 말할 것도 없고 집전화기조차도 귀한 시절이었다. 집에서는 애들이 길을 헤매고 있을 줄은 꿈에도 모르고 있을 터였다.

나는 그때 눈앞이 캄캄하다는 말이 어떤 것인지 온몸으로 경험했다. 지금도 기억이 생생하다. 어스름 노을이 남아있는 저녁 무렵이었는데 하늘이 순식간에 깜깜해지더니 앞이 안 보였다.

"큰일났네. 우리 집에 못 가면 어떡해…."

내가 조바심을 내자 언니는 가만히 있으라고 윽박질렀다. 동생한테 내색할 수도 없는 열한 살짜리 속은 얼마나 타들어 갔을까. 잡은 손에 힘이 잔뜩 들어가 있었다. 언니마저 놓친다면 길거리를 떠도는 거지가 될 거라는 생각에 나도 언니 옆에 꼭 붙어 손을 꽉 잡았다. 날은 점점 어두워지고 엄마 아빠를 볼 수 없을 것만 같아 울음이 터져 나왔다. 참으려고 해도 눈물이 자꾸 흘렀다. 우리는 어쩔 줄 몰라 서울역을 헤매고 다녔다.

한 아저씨가 다가왔다. 집에 데려다주겠다며 같이 가자고 했다. 나는 절레절레하며 가지 않으려 했다. 아저씨는 나를 달랬고 언니는 나를 흘겨보며 잠자코 따라오라고 했다. 아저씨가 나쁜 곳에 데려 갈까 봐 무서웠지만 다른 방도가 없어 언니를 따라갔다.

아저씨는 데려다주기 전에 먼저 들러야 할 곳이 있다며 전차를 탔다. 언니는 전차를 탄다고 신이 났다. 나는 점점 아저씨가 믿어지지 않았다. 일을 마친 아저씨는 배 고프겠다며 저녁 밥을 사 주었다. 무얼 사 줬는지 생각나지 않지만, 언니는 국물까지 잘 먹었다. 나는 배가 고프지 않았다. 언니와 아저씨가 무슨 말을 해도 먹지 않았다. 빨리 집에 가고 싶은 마음뿐이었다.

언니는 작작 고집부리라며 팔을 꼬집었고, 나는 언니가 정신이 나갔나 했다. 어떻게 모르는 아저씨를 믿는지 이

해되지 않았다. 밥은 먹지 않아도 얌전히 있었다. 그나마 언니마저 놓치면 미아가 될 상황이었다. 내 염려와는 달리 아저씨는 우리를 집까지 무사히 데려다주었다.

밤중에서야 우리 동네에 왔다. 골목을 돌자 눈에 익은 삼양상회가 보였다. 나는 언니와 아저씨의 손을 홱 뿌리치고 집으로 뛰어들어 갔다. 엄마 품에 파묻혀 엉엉 울었다. 영문도 모르고 나를 달래는 엄마에게 그 아저씨가 자신은 대학생이라고 인사했다. 급한 약속이라 꼭 만나야 할 사람을 만나고 오는 바람에 늦었다고 죄송하다고 했다. 큰애는 금방 따라오는데 작은애가 안 오겠다고 해서 애를 먹었다고도 했다. 아저씨는 진심으로 우리를 걱정해서 집에 데려다준 것이었다.

아버지는 선한 청년을 만나 잃어버릴 뻔한 딸들을 찾았다고 고마워했다. 엄마는 그때 그 아저씨가 나쁜 사람이면 어쩔뻔했느냐고 가슴을 쓸어내렸다. 세상엔 고마운 사람이 많아서 다행이라고 두고두고 말씀하셨다.

어렸지만 그날처럼 길을 잃어 막막했던 일이 다시는 일어나지 않길 바랐다. 하지만 인생이 어디 그런가. 나는 그 후로도 여러 번 길을 잃었다.

스무 살, 대학에 떨어졌을 때 열패감으로 살고 싶지 않았다. 3월이 되어 친구들이 대학에 갔고 나는 부산에 있는 작은 약국에 취직했다. 매일 새벽공기를 가르며 약국 문을 열 때면 어릴 적 그때처럼 눈앞이 캄캄해지는 절망감이 밀려왔다. 결혼하고 아이를 잘 키워 보겠다는 욕심에 했던 시행착오들, 시댁과 관계가 삐거덕거려 잠 못 들던 밤. 쉽게 포기할 수 없어 고집을 부렸고 가고 싶은 길을 몰라 이리저리 방황하며 부딪치고 깨졌다.

지금까지 많이 길을 잃고 헤맸다. 앞으로 나아가야 하는지, 뒤돌아가야 할지 아니면 빙 둘러 가야 할지 몰라 망설이던 때가 한두 번이 아니었다. 버스정류장을 지나쳐 종점에서 내린 우리를 집까지 바래다 준 아저씨 같은 귀인이 있다면 사는 게 좀 더 수월했을까. 내 인생길을 제대로 찾을 수 있도록 안내해주는 내비게이션이 있었다면 삶이 더 편안했으려나. 나이가 들면 사는 일에 익숙해지고 지혜로워질 줄 알았는데 삶의 길은 여전히 만만치 않았다.

버스 안에서 오래된 기억 하나가 불쑥 튀어나와 내게 마음의 길을 묻고 있다. 어디로 가야 할지 몰라 서성이던 그때처럼 지금도 막막하기는 마찬가지다. 수많은 사람이 지나갔던 인생의 길 위에 서서 지금 내가 가는 길이 맞는 길인지 묻고 싶은 하루다. 아쉬움 없고 후회 없는 날들이 어디 있겠냐마는 이미 다 가버린 시간이다. 정답 없는 인생길에 나름대로 잘 살았다고 스스로 토닥여 줄 수 있다면 그나마 다행이라는 생각이 든다.
　버스는 보문동을 지나 삼선교로 접어든다. 다른 건 몰라도 집으로 가는 길은 확실히 꿰고 있다. 이것만도 어딘가 싶어 웃는다.

재동 83번지 백송

안국역으로 가는 길에는 아까시꽃 향기가 가득하다. 달콤한 내음에 마음이 나긋나긋해진다. 약속 시간보다 이르게 도착했기에 주변을 둘러보기로 한다. 근처는 나의 모교 창덕여고가 있던 곳이다. 학교는 1989년에 방이동으로 이전해서 지금은 헌법재판소가 들어서 있다. 얼마나 변했을까. 그때 다니던 길의 흔적이라도 남아있으려나. 잃어버린 그 시절 순수한 감성 조각들을 찾아볼 요량으로 골목을 찬찬히 살피며 거닐어 본다.

45년이나 지났으니 모두 변했겠지만, 어느 자리에 흔적이 남아있겠지 싶어 이리저리 살피며 두리번거린다. 안국역 출구 골목 입구에는 2층 건물에 '불란서제과'라는 빵 집이 있었는데…. 아침마다 등굣길에 빵 굽는 냄새가 골목을 휘감고 퍼지는 바람에 배에서는 꼬르륵 소리가 진동했다. 잠실에서 재동에 있는 학교까지 오려면 버스로도 한 시간 십 분이나 걸렸고 종로2가에서 내려 십오 분 정도를 또 걸어와야 했다. 새벽같이 일어나 등교하느라 아침은 거르기 일쑤였다. 돌멩이도 소화한다는 그 시절, 버터와 우유로 구워낸 고소한 빵 냄새를 거스르기란 정말 고통이었다. 나의 배고픈 창자를 고문하던 그 향긋한 빵 냄새가 어딘가에서 날 것 같아 나도 모르게 코를 킁킁거린다.

시간의 강물은 흐르고 흘렀다. 2층 건물은 그대로 있었으나 불란서제과가 있던 자리에는 스마트폰 판매장이 있고, 2층에는 호프집 간판이 걸려 있다. 다행인지 건물은 개발의 직격탄을 피해 신축하지 않고 외장만 달라진 채로 그 자리에 있다. 건물이 건재한 것만으로도, 오랜 친구라도 만난 것 같은 반가움이 차오른다.

천천히 골목을 따라 더 올라가 본다. 교문이 있던 자리는 큰길로 변하여 자동차들이 바쁘게 오가고 학교 담장

따라 걸어 다니던 고즈넉한 길도 폭이 넓어져 있다. 빨간 벽돌로 지은 학교 건물은 온데간데없고 대리석으로 지어진 헌법재판소가 권위를 자랑하며 버티고 서 있다. 이맘때쯤이면 높지 않은 학교 담장에 덩굴장미가 붉게 피어 귀엽고 예쁜 얼굴로 오가는 우리를 맞아 주기도 배웅하기도 했는데…. 돌담도 덩굴장미도 추억에만 남아있다.

눈 둘 곳이 없어 우연히 하늘을 올려다본다. 건물 옥상 난간에서 붉은 덩굴장미가 나를 내려다보고 있다. 이제야 아는 얼굴을 만났네! 나를 수십 년 기다리기라도 한 것처럼 활짝 웃으며 아직 나 여기 있다고 손을 흔들어 주고 있다. 학교는 사라졌지만, 덩굴장미를 다시 만나니 그 시절로 돌아간 듯 가슴 가득 기쁨이 번진다.

학교 앞에 있던 지붕 낮은 문방구도, 장계현과 템페스트가 주인이던 레코드판 가게도 이제는 없다. 음식점과 카페들이 즐비한 그곳은 그때를 떠올리기엔 너무 많이 변해서 골목이라 하기에도 무색하다. 45년이나 지났으니 그럴 만도 하다. 교문이 있던 자리까지 걷다 보니 작은 간판이 보인다. '창덕호프'. 왈칵 반가움이 밀려온다. 창덕이라는 이름이 주는 추억이 여름날 상큼한 맥주 첫 모금으로 다가온다.

교문이 있던 자리는 헌법재판소 정문이 육중하게 들어서 있다. 교문 왼쪽에 학교 수위실이 있었는데 지금은 오른쪽에 경비실이 있다. 낯설다. 기웃거리는 나를 경비아저씨가 의아한 눈으로 본다. 다행히도 백송을 보고 싶다는 나를 안으로 들여보내 준다. 운동장이 없어진 자리엔 여유 없이 꽉 찬 건물뿐이다. 운동장 관람 스탠드엔 등나무꽃이 흐드러지게 피어 보라색 폭포를 이루었는데…. 등꽃 향기를 마구 쏟아내던 봄날 삼삼오오 모여 소곤대던 소녀들이 보인다. 당시 유명하던 한수산이니 김주영, 박영한 등의 소설가들을 잘생긴 얼굴순으로 순위를 매기는 인기투표를 하며 깔깔대곤 했었지.

운동장 등나무 옆에 있던 백송은 그대로다. 교목이면서 천연기념물로 지정된 500살 정도 된 어르신 소나무다. 입학했을 때 본 흰 소나무. 그렇게 하얀 나무줄기를 가진 소나무는 그때 처음 보았다. 밤에 보는 흰 소나무는 산신령님 같기도 했고, 낮에는 인자한 할아버지 같았다. 시험을 잘 보게 해달라고 친구들과 기원하기도 하고, 우울한 날이거나 고민이 생기면 백송 밑에 앉아 마음을 삭이곤 했다. 세월이 지나도 여전히 그 자리를 묵묵히 지키는 백송. 든든하고 미덥다. 더 가까이 가서 그때처럼 안아보고 싶은 것을 가까스로 참는다. 대신 사진기를 꺼낸다. 백송은 그때보다 더 근사해지고 멋있다. 얼룩덜룩 반점이 있던 피부는 더욱 희고 매끄럽다. 연륜이 더해가며 얼룩은 버리고 희고 고상해져서 더 신령스러워진 재동 83번지 백송. 나는 그동안 얼마나 많은 얼룩을 만들고 지웠을까. 말없는 백송 앞에 서니 만감이 교차한다. 미국에 사는 여고 동창에게 백송 사진을 전송한다.

"친구가 미국에서 오면 손잡고 다시 보러 올게요."

백송 할아버지에게 인사를 올린다. 훗날도 지금처럼 인자한 모습으로 우리를 맞아 주길 간절히 바라며.

약속 시간이 다 되어 발걸음을 재촉하며 정문을 나선다.

서울운동장을 아시나요?

여고 동창생이 오랜만에 전화해 동대문에서 만나자고 했다. '동대문!' 감탄사처럼 입에서 새어 나왔다. 반가운 마음에 서둘러 집을 나섰다.

동대문광장 앞에 다다르니 넓은 도로와 두산타워, 그 건너 쪽에 있는 은빛으로 반짝이는 웅장한 돔 모양의 '동대문 디자인 프라자(DDP)'를 보니 최첨단 도시에 온 것 같았다. 미래도시 조감도 그림 속에 들어와 있는 기분이었다.

친구가 깡충거리며 횡단보도를 건너오는 모습이 보였다. 반갑게 손을 흔들었다. 활짝 웃는 얼굴에서 단발머리 여고생이 오버랩되었다. 그녀와 함께 'DDP' 주변을 쉴 새

없이 까르르대며 걸었다. 늘 네모진 세상만 보다가 처음 이 건물을 봤을 때 무척 신기했다. 돔 형식의 둥근 지붕을 쳐다보며 돌다 보면 숨바꼭질하듯 또다시 나타나곤 하는 느슨한 곡선의 건물은 도시에서 찾기 힘든 여유로움과 편안함이 느껴졌다. 건물 설계자가 여자 건축가라서 곡선의 부드러움이 돋보였을 거라고 우리는 맞장구쳤다.

"근데 저 건물 전에 뭐가 있었지?"

친구가 뜬금없이 옛이야기를 꺼냈다.

"글쎄, 갑자기 물어보니 모르겠네. 뭐였을까?"

언뜻 생각나지 않았다.

"동대문운동장이 있던 자리 아닌가?"

맞다! 동대문운동장이었다. 거기서 프로야구경기도 하고 그랬는데. 친구와 나는 동대문운동장 이전의 이름까지 들추었다.

"서울운동장이었을걸?"

"저기에는 덕수상고 교문이 있었지 아마?"

우리는 눈을 가늘게 뜨고 까마득한 과거를 더듬었다. 머릿속에 희미한 장면들을 떠올리는데 한참 걸렸다. 우리가 꽤 살았구나 싶어 서로 얼굴을 바라보며 자잘한 주름살을 살폈다.

  동대문운동장은 '동대문역사문화공원 사업'이 시행되면서 철거작업이 시작되었다. 육상경기장은 풍물시장이 되어 마지막까지 시민들을 맞았다. 동대문운동장을 철거한다고 했을 때, 아쉬운 마음에 마지막 모습이라도 담아보려고 남편과 풍물시장 구경 왔다. 중앙의 넓은 운동장은 텅 비어 햇빛만 쨍쨍했는데, 관중석 아래에 빙 둘러 옷가지며 신발 그리고 등잔 요강 같은 옛 물건들을 늘어놓고 팔고 있었다. 이곳이 사라지기 전에 기념될만한 것을, 꼭 하나 사고 싶은 마음으로 여러 번 돌아봤으나 결국 아무것도 사지 못했다. 아픈 다리도 쉴 겸 풍물시장 한쪽에 자리한 식당에 들어갔다. 빈대떡과 막걸리 한잔을 놓고 남편과 마주 앉았다. 꾸물거리던 하늘에서 비가 추적추적 내리기 시작했다. 왠지 심란한데 때맞춰 내린 비로 더욱 마음이 가라앉았다. 풍물시장을 물끄러미 내다보았다. 항상 그 자리에 있는 것이 어디 있으랴. 갑자기 눈물이 왈칵 솟았다. 뻑 하면 운다고 놀리던 남편도 그날은 양은대접에 뽀얀 막걸리를 아무 말 없이 따라주었다.

　1976년 나는 잠실에 살면서 재동에 있는 '창덕여자고등학교'에 다녔다. 매일 버스를 타고 지나가던 길목이 동대문운동장, 아니 예전 이름인 서울운동장이었다. 그해 가을, 여고 1학년 때 그곳을 가게 되었다. 당시 서울에는 여덟 개 공립여고(경기, 창덕, 수도, 무학, 혜화, 서울, 영등포, 성동여실)가 있었다. 그 여고들은 일 년에 한 번 서울운동장에 모여 체육대회를 했다. 체육대회의 꽃인 각 학교대항 달리기를 할 때는 관중석에서 벌떡 일어나 '창덕 이겨라'를 목이 터져라 응원했다. 체육대회가 끝나고 경기여고 다니는 친구와 만나 신당동 떡볶이집으로 가서 떡볶이를 입안 가득 물고서 우리 학교가 더 잘했다고 목청을 드높였다.

　체육대회를 위해서 1, 2학년이 함께 강당에 모여 한 달 동안 5, 6교시에는 응원단장의 구령에 맞춰 응원가를 배우고 율동을 연습했다. 〈쿰바야〉, 〈아리랑 목동〉 등을 목청껏 부르며 어깨동무를 하고 몸을 좌우로, 아래위로 흔들며 열심히 응원가를 배웠다. 수업을 안 하고 강당에 모여 노래 부르고 율동하는 시간은 그 시절 누릴 수 있는 유일한 일탈이었다. 그때도 지금도 어느 학교가 일등을 하고 꼴찌를 했는지는 중요하지 않다. 그저 목청껏 우리 학교를 응원하면서 교실에 갇혀 응어리지고 주눅 든 마음을 푸른 하늘에 날려 버렸다. 움츠린 어깨를 펴고 공부 스트레스를 날리고 맘껏 소리를 질러댔다. 누구의 눈치도 보지 않고 내 감정을 쏟아 낼 수 있는 허락된 장소였다. 체육대회 다음 날은 학교가 조용했다. 응원하느라 소리를 질러대서 너나 할 것 없이 목이 쉬어 목소리가 안 나왔다.

수십 년이 지나 'DDP' 주변을 거니는 지금, 내 귀에는 아직도 "창덕 이겨라, 창덕 이겨라!" 초록초록 생기발랄한 여고생들의 악다구니 응원이 생생하다. 함께 세월을 건너온 친구의 귀에도 서울운동장에서 맘껏 소리 지르던 그날의 함성이 와글거리리라.

여고 시절의 환유換喩

 잠실에서 재동 창덕여고를 등교하려면 종로2가까지 한 시간 이상 버스 안에서 무거운 가방을 들고 버텨야 했다. 만원 버스에 짐짝처럼 실려 이리저리 쏠리고 달갑잖은 신체접촉에 시달리면서 가는 등굣길은 끔찍했다. 하지만 서울운동장 앞을 지날 때면 깨끗하고 널찍한 인도를 보면서 속이 확 트이곤 했다. 학교 가면 상쾌한 하루가 활짝 열릴 것만 같았다.

하굣길 또한 만만치 않았다. 그나마 집으로 가는 길은 힘겨운 공부를 끝낸 후라 마음도 가볍고, 도시락도 먹었으니 책가방도 가벼워 견디기가 한결 수월했다. 집으로 갈 때는 서울운동장 맞은편에 있던 '덕수상고' 앞을 지나

갔다. 도로가 매우 비좁았다. 좁은 인도 쪽으로는 상점들이 다닥다닥 붙어있었고, 그 앞에 노점상들이 자리를 잡았다. 흥정하는 사람들, 무질서하게 쌓인 물건들, 지게꾼 아저씨들, 손수레들이 뒤섞여 정신이 없었다. 시험이라도 못 본 날이거나, 친구와 다퉜을 때 그 길을 지날 때면 마음이 더 심란해지곤 했다.

덕수상고를 지나면 청계천이 나왔다. 청계천 쪽으로는 헌책방이 길게 있었고, 건물 2층에는 봉제공장이 있었다. 시골에서 상경해 가족의 부양을 책임지고 노동을 착취당하며 재봉틀을 돌리고 있었다는 사실, 열악한 노동의 구조적 모순을 없애려고 전태일 열사가 분신했다는 역사적 사실들을 당시 나는 알지 못했다. 평화시장으로 불리던 그곳은, 옷을 싸게 팔았고 복잡했어도 서민들이 편하게 이용하니 평화시장이려니 생각했다. 가끔 엄마와 옷을 사러 가기도 했고, 친구들하고 헌책방을 쏘다니기도 했다.

그때의 덕수상고 자리에는 두타타워와 밀리오레 같은 높이 솟은 빌딩들만 당당하게 서 있다. 화려한 저 고층빌딩 안에서는 이제 노동권이 보장되고 있을까? 옛날 같지는 않을 것이라 짐작하지만 언제나 약자는 희생을 강요당해온 것이 우리네 역사 아니던가. 빌딩 위 눈 시린 푸른 하늘을 올려다보니 역사의 아픔을 모르고 지나치던 무지한 내 소치가 마냥 부끄러워진다.

 2007년 동대문운동장은 역사 속으로, 우리의 기억 뒤로 사라졌다. 앞이 탁 트이고 깨끗한 높은 건물과 최첨단 건축물로 디자인된 곳에서 나는 예전의 모습 그 시절 어디쯤을 읽어내려 애쓰고 있었다.

 '응답하라, 풋풋한 얄개 시절!'

 내 안에 과거 시간이 저장되었던 걸까. 변해버린 현재의 도로에서 길을 잃고 헤매는 낯익은 단발머리 여고생이 보였다.

 상념을 떨쳐내고 보니 저만치 친구가 가고 있었다. 친구와 발맞춰 DDP 건물을 따라 둥근 길을 걸었다. 마음도 둥글어지고 편안해졌다. 맨 아래층으로 내려가니 건물을 지을 때 발굴된 유물을 전시하고 있었다. 지구에 불시착한 우주선 같은 모습을 한 건물과 그 구석에 무너진 돌무더기가 함께 있는 낯섦. 문화와 역사가 함께 숨 쉰다는 게 이런 것인가 보다.

과거의 시간을 함께하고, 추억을 떠올릴 친구가 곁에 있다는 것은 참 다행이다. 여고 졸업 후 헤어진 이래 여전히 만나지 못하는 친구들도 많다. 친구 약속 덕분에 그리운 시절로 돌아가 과거 속을 거닐었다. 더불어 떠오르는 그리운 친구들을 생각하는 것만으로도 마음 가득 행복이 차올랐다. 이제야 건축가 자하 하디드가 DDP에 이름 붙인 환유換喩의 풍경이 무엇인지 어렴풋이나마 알 것 같다. 부드러운 곡선의 길을 가다 보면 사라지고 다시 돌면 나오는 그 풍경들을. 아이가 주변의 것들을 보면서 여러 가지를 배우며 자라나듯, 우리의 환경도 시대의 변화에 맞게 완급이 조절되는 것을 말이다. 역사적인 동대문운동장을 헐어내고 지역과 어울리지 않는 디자인이라는 논란이 있는 게 사실이지만 변하는 것은 어쩔 수 없다. 옛것은 허물어지고 새것이 들어서는 것도 자연스러운 이치다. 이제 사라진 것에 대한 미련은 아쉽지만 내 몫으로 남겨 둔다. 기억 속에는 겹겹이 저장되고 있으니까.

경희궁 뜨락을 거닐며

참깨 쏟아지는 듯한 가을볕이 좋아서 남편과 외출했다. 광화문 씨네큐브에 들러 영화를 보고 돈의문박물관마을을 둘러보았다. 아스라한 시간이 고여 있는 듯한 골목을 빠져나오니 흥화문興化門 현판이 눈에 들어왔다.

경희궁에 들어선다. 아담한 뜰과 오래된 고목들이 반색한다. 일제가 경성중학교(서울고등학교 전신)를 세우느라 허물고 이전했던 궁이다.

경희궁을 거니는 남편은 그새 입사 시절로 가 있다.

"저기가 현대 사무실, 저쪽으로 돌아가면 식당이 있었고…."

감회에 흠뻑 젖어든다.

"그때 현대식당의 음식이 진짜 맛있어서 소문이 났었지. 아는 사람들 불러 점심 접대도 할 정도였다니까."

끝없이 설명이 이어진다. 그가 가리키는 손가락을 좇다가 떠오르는 여고 시절 기억에 나는 빙긋이 웃는다.

'저쯤이 서울고등학교 운동장이었을 텐데….'

체력장이라는 과목이 있던 시절이었다. 오래달리기, 100m달리기, 윗몸앞으로굽히기, 윗몸일으키기, 오래매달리기(턱걸이) 등 8종목을 치렀다. 우리 창덕여고는 운동장이 좁아서 대각선으로 줄을 그어도 80m밖에 나오지 않아 기록을 제대로 잴 수가 없었다. 근처 서울고등학교 운동장을 빌려야 했다. 체력장 측정은 싫지만 금녀의 담장 안에 발을 들인다는 것이 신났다. 아쉬운 건 남학생들이 등교하지 않는 일요일에 한다는 것! 김이 좀 샜지만 남학교에 간다는 것만으로도 한껏 부풀었다.

체력장 측정 전날, 체육복을 입고 등교하라는 학교 지시가 떨어졌다.

"아아아아앙~~~ 선생님!"

모두 담임 선생님께 불만의 앙탈을 쏟아냈다. 여기저기

서 탄식이 들려왔다. 운동장과 화장실도 제한적으로 공개하니까 옷 갈아입을 장소가 없다는 것이 이유였다. 예쁜 교복을 단정하게 입고 허리 펴고 고개 꼿꼿이 들고 가도 시원치 않을 판에 모양 빠지게 체육복을 입고 등교하라니.

드디어 체력장 평가하는 날, 체육복 바람으로 서울고등학교까지 걸어가는데 창피했다. 남학교 교문에 들어설 때 아무도 없다는 것을 아는데도 심호흡하고 조심히 들어갔다. 잘생긴 아름드리나무가 반겨주고 넓은 운동장이 맞아주었다.

우리는 각종 체력장 종목이 마련된 곳을 순서대로 돌며 시험을 봤다. 오래매달리기, 왕복달리기, 던지기, 윗몸일으키기는 자신 있는 종목이었다. 멀리뛰기, 100m달리기는 몹시 힘들었다. 기록이 안 나와서 점수도 많이 못 받았다.

오래달리기 한 종목을 남기고 점심시간이 되었다. 우리는 밥을 먹는 둥 마는 둥 하고 허락된 학교 구역들을 돌아다녔다. 잠긴 교실을 발돋움하고 훔쳐보는 스릴에 빠졌다. 교정을 돌아다니며 남학생들은 무슨 생각과 얘기를 하고 지내는지 궁금해하며 깔깔거렸다. 그런 날이 있었다.

우리 부부는 각자 추억에 젖어 말없이 경희궁 이곳저곳을 기웃거린다. 나는 서울고등학교 운동장에 선 여고생으로, 그는 사회 초년 청년이다. 그도 나도 훌쩍 떠나온 시간에 머문다. 나라의 흥망성쇠로 숱한 사연을 가진 경희궁에서 역사적 어느 시점을 지나가고 있던 평범한 시민들의 추억이 한 송이씩 틈새로 피어난다. 우리도 그 틈에 끼어 역사 속으로 걸어간다.

매달리기할 때는 1초가 그리도 길더니 세월은 빠르게 흘렀다. 운동장이 비좁아 남학교에서 체력장 시험을 봐야 했던 여자. 하필 그 남학교가 이전되고 '현대그룹'이 들어서 그곳에 입사한 남자. 같은 공간에 시간 차를 두고 스쳤을 두 남녀. 필연이 아니고서야 어찌 30년이나 부부로 살아갈까. 시간의 간극을 지나 지금 우리는 함께 경희궁 뜨락을 거닐고 있다.

맹꽁이 사총사의 크리스마스이브

 여고 졸업을 앞둔 우리 넷은 기필코 크리스마스이브를 함께 보내기로 계획했다.

경애 아버지가 집 장사를 하셨는데 팔리지 않은 완성된 집이 있다고 했다. 새 집에서 놀아도 된다고 아버지께 승낙을 받았다. '와우!' 우리만의 세상이 생기다니. 누구의 방해도 받지 않는다는 것에 모두 흥분했다. 밤을 보낼 기대로 들뜬 마음이 좀처럼 진정되지 않았다.

경애가 먼저 가서 연탄불도 피워 놓고 청소를 하기로 했다. 회비는 삼천 원. 과일과 케이크 그리고 샴페인도 한 병 샀다. 예쁜 장식초와 앙증맞은 수첩도 네 개를 샀다. 완벽한 준비에 만족했다. 은밀한 눈빛을 교환하며 내

일 만나자며 헤어졌다.

　비밀을 공유한다는 사실은 가슴 설레는 일이었다. 나만의 장소, 나만의 사연, 나만의 비밀 등 내 것에 욕심이 많았던 시절. 별것 아닌 일에도 설렜고, 좋아하던 선생님의 눈길 한 번에 몇 밤을 지새웠던 그때. 소녀 시절 마지막 크리스마스를 친구들과 함께 보낼 수 있다는 건 행운이었다.

　교회 행사 때문에 입은 한복차림으로 그 집에 갔다. 밤하늘에 별이 빛나던 그 날. 우리의 추억 만들기가 시작될 참이었다.

　커다란 철제 대문이 떡 버틴 채 움직이지 않았다. 경애가 열쇠를 두고 왔다. 굳게 닫힌 대문 앞에 여고생들. 북풍은 심술궂은 얼굴로 우리를 약 올렸다. 스크루지의 크리스마스 유령이 나타날 것만 같아 무서웠다. 그렇다고 집으로 갈 수도 없었다. 급기야 부성이가 주위를 두리번거리더니 치마를 훌훌 벗었다. 고쟁이 차림으로 우리 등을 밟고 담을 탔다. 덕분에 우리는 깡충거리며 대문턱을 넘었다. 얼었던 몸을 녹이려 총알같이 방으로 뛰어들어

갔다. 승혜와 나는 아랫목으로 한껏 몸을 밀어 넣었다. 냉기가 우리를 덮쳤다. 어두운 방을 더듬어 전기를 찾았으나 불이 켜지지 않았다. 승혜는 부엌 연탄 아궁이로, 나와 경애는 초를 찾으랴, 성냥을 챙기랴 바빴다.

"전기 나간 거야?"

"야, 방이 너무 추워!"

 한바탕 소동이 일어났다. 촛불을 켜고 정전인가 하고 밖을 내다보았다. 집집마다 따스한 빛이 새어 나오고 있었다. 밖에서 찾아낸 것은 아직 연결되지 않은 알몸의 구리 전선이었다. 아궁이의 연탄불은 꺼지진 않았는데 방까지 온기가 스미지 않았다.

 그 집은 겉만 멀쩡한 내부 공사가 마무리 안 된 미완성 집이었다. 마치 아무런 준비도 없이 성인이 되려는 우리처럼. 방고래가 제대로 놓이지 않아 방으로 불기운이 전혀 스며들지 않았다. 너무 추웠던 우리는 부엌 부뚜막 불구멍가에 둘러앉았다. 연탄가스 냄새가 지독해서 다시 방으로 들어갔다. 들뜬 기대가 한꺼번에 빠져나간 마음에선 허연 입김이 나왔다. 요를 깔고 이불을 뒤집어썼다. 냉기가 감도는 캄캄한 방에서 누가 먼저랄 것도 없이 훌쩍거렸다.

그 와중에도 배는 고팠다. 너무 들떠서 제대로 먹은 게 없었다. 가져온 케이크를 한 입 베어 먹었다. 달콤한 케이크 맛이 씁쓸했다. 또다시 서러워져 케이크를 먹다 밀어 놓았다. 추위와 무서움이 한꺼번에 몰려왔다.

"술을 먹으면 괜찮아지지 않을까?"

경애 말에 샴페인을 홀짝거렸다. 우리 네 명은 스크럼 짜듯 붙어 앉아 바람을 막으려 애썼다. 서로의 몸으로 체온을 나누면서 그렇게 잠이 들었다.

"간밤에 여고생 4명 동사 채로 발견"

우리 얘기가 신문에 대문짝만하게 실렸다. 깜짝 놀라서 눈을 떴다. 꿈이었다. 부성이의 발이 내 가슴을 누르고 있었다. 승혜와 경애는 상대방의 다리를 꼭 끌어안은 채 자고 있었다. 온몸이 쑤시고 아팠다. 그 상황에도 잠을 잤다는 것이 믿기지 않았다.

새벽이 되자 우리는 재빠르게 그 집을 빠져나왔다. 어젯밤 일은 아무에게도 말하지 않기로 했다. 즐겁게 논 걸로 하자고 약속했다. 크리스마스이브에 특별한 추억을 만들려고 했던 우리는 별들의 비웃음과 부끄러운 비밀까지 마음속에 품게 되었다.

비밀로 덮어둔다 해도 다 비밀이 되는 건 아니었다. 우리가 밤새 동사할 뻔했다는 소문은 삽시간에 동네방네 퍼졌다.

"죽지 않고 살아온 기분이 어때?"

우리를 보는 사람마다 놀렸다. 창피해서 죽을 맛이었다. 그 일을 온 동네 퍼뜨린 사람은 경애 엄마였다. 나중에 안 일이지만 경애 엄마는 우리가 편히 놀도록 미리 방도 데워 놓고 이부자리며 먹을 것을 챙겨 놓으셨다고 했다. 똑같이 지어진 그 옆집에서 우리는 밤새 엉뚱한 씨름을 한 셈이었다.

번지수를 잘못 찾아가 벌어진 해프닝이었다. 그 일로 한동안 고개도 못 들고 다녔다. 그날 이후 우리의 별명은 '맹꽁이 사총사'가 되었다.

진토닉 한 잔

예비고사가 끝난 1월 겨울방학. 아직은 고등학생이지만 해방감이 밀려왔다. 대입만 끝나면 그 지긋지긋한 교복을 벗고 하고 싶은 대로 다 할 수 있는 어른이 된다고 생각했다. 하지만 원하는 대학에 떨어지고 보니 밝은 빛이 나를 인도할 줄 알았던 세상은 더욱 칠흑 같아졌고 아무것도 보이지 않았다. 겨울바람의 한기가 몸속으로 들어와 나가지 않았는지 마음마저 시린 그런 날이 계속되었다.

2월까지 전문대학 입시도 있기에 응시하는 친구도 있었고 재수학원을 알아보는 친구도 있었다. 나는 재수학원을 알아보기도 하고 빈둥거리며 시간을 메우고 있었다. 한

없이 낙망하고 한심하고 머리를 쥐어뜯고 싶도록 화도 났다. 감정을 어떻게 해야 하는지 몰라 휘청거렸다. 미래가 불투명하던 그때, 좋은 대학에 간 친구들을 부러워하며 한편으로는 전문대학이라도 가야 하나 재수를 해야 하나 하는 이야기로 갈팡질팡 버거운 시간을 보내고 있었다.

하루는 망원동에 사는 친구 집에 모였다. 지금은 망리단길이다 뭐다 해서 유명세를 치르지만, 그 시절에는 단정한 양옥집들이 모여 있던 동네다. 그중 한 양옥집 이 친구네였다. 우리는 거실에 모여서 수다를 떨었다. 오빠 방문에 붙어있는 그림이 내 눈에 훅 들어왔다. 빨간색 기타를 배경으로 한 브로마이드에는 다음의 문구가 쓰여 있었다.

'이 방에 들어오는 모든 이에게 평화를'

방 앞을 지날 때마다 그 포스터가 나를 유혹했다. 그 문구는 '어서 이 방에 들어오세요'라고 읽혔다. 하지만 그 방문은 항상 닫혀 있었다. 당연히 평화는 방 안에만 있는 듯했다.

그날도 우리는 익숙하게 거실 소파에 앉아 과자와 마실

것을 놓고 수다 삼매경에 빠져 깔깔거리고 있었다.

"뭐가 이렇게 시끄러워!"

금단의 문이 벌컥 열렸다. 러닝셔츠 차림에 까치집 머리에다 부스스한 얼굴에 잔뜩 인상을 쓴 건장한 남자가 나왔다. 우리는 숨을 멈추고 눈을 동그랗게 뜬 채 동작 그만 상태가 되었다. 오빠도 예상치 못한 풍경을 만난 듯 흠칫 놀라더니 후다닥 방으로 들어갔다. 잠시 정적이 흐른 뒤 우리는 주섬주섬 주변을 정리하고 친구 방으로 들어갔다.

"야, 오빠가 방에서 잔다고 말을 했어야지."

미안한 마음에 말은 그렇게 했지만 그렇게 마주친 순간이 너무 재미나서 까르르 웃어댔다.

똑똑, 방문을 두드리는 소리가 났다. 오빠였다. 그사이 오빠는 말끔해져서 완전 다른 사람으로 변해 있었다. 우리더러 거실로 나오라고 했다. 선생님께 야단이라도 맞는 학생들처럼 우리는 쭈뼛쭈뼛 거실로 나와 앉았다.

"야, 니들 좋겠다. 이제 졸업만 남았지? 하하. 교복 벗는 자유로움을 이제 알게 될 거다. 축하한다!"

대학도 못 가고, 취직도 못 하고, 재수해야 할지도 모르는 우리에게 축하라니! 공부 좀 잘하지 그랬냐고 훈계를 해도 모자랄 판인데, 축하라니! 역시 멋있는 오빠였다. 그래, 자유구나! 자유가 우리 옆에 와 있구나! 그러자 어둡던 주변이 금세 환해지고 무겁던 어깨가 가벼워지고 가슴이 콩닥콩닥 뛰기 시작했다. 오빠는 손뼉을 짝짝 치며 집중을 시키고는 우리에게 성년식을 해주겠다고 했다. 잠시만 기다리라더니 서둘러 나갔다. 어리둥절한 우리는 멀뚱히 서로 바라보았다.

잠시 후 오빠는 양손 가득 검은 비닐봉지를 들고 나타났다. 주방으로 들어가더니 딸그락 소리가 났다. 얼마 안 되어 오빠는 유리잔이 가득한 쟁반을 들고 나왔다. 그 투명한 유리잔 속에는 말간 액체가 찰랑거리고 얼음 조각들이 떠 있었으며 잔 가장자리에는 노란 레몬 조각이 끼워져 있었다.

"와아! 오빠, 그게 뭐예요?"

"칵테일! 흠, 이걸 어디서 마신담?"

"오빠 방이요!"

나는 단박에 대답했다. 말해놓고는 민망해서 고개를 숙이고 친구의 눈치를 살폈다. 오빠는 잠깐 망설이더니 좋다면서 흔쾌히 방문을 열어주었다.

작은 방이었다. 책상이 있고 기타가 있고 옷가지가 너저분한 영락없는 남자 방. 고린내 같은 것도 나는가 싶었는데 오빠는 얼른 향수를 살짝 뿌렸다. 여자 손님을 받아보기는 처음이라며 머쓱해 했다.

"이게 진토닉이라는 거야."

아직 맥주도 못 마셔본 숙맥들인데 진토닉이라니, 이름마저 낯선 그것을 말이다. 오빠는 잔을 하나 들어 우아하게 흔들었다. 크리스털 잔과 얼음이 부딪치면서 내는 청량한 소리는 천상의 악기 음 같았다. 순간 어두운 내 현실이 맑게 개는 것 같았다. 마셔보라는 오빠의 성화에 망설이며 한 모금을 넘겼다. 탄산 같은 것이 톡 쏘며 올라왔다. 쌉싸래하면서도 짜릿한 맛이 혀에 상큼하게 감겼다. 난생처음 경험한 맛이었다. 혀끝에 맴도는 상쾌함이 기분을 들뜨게 했다. 진토닉이라는 칵테일을 마시니 이제 정말 어른이 되는가 보았다. 막막한 미래에도 두려워 떨지 않으리라는 용기도 솟았다. 오빠 방에 걸린 브로마이드의 '이 방에 들어온 모든 이에게 평화를'처럼 나는 평안을 얻었다.

오빠는 우리에게 이런저런 훈수를 했다. 고분고분 듣다가 나는 브로마이드에 관해 물어봤다. 한 연주회 포스터인데 사진도 멋지고 문구가 좋아서 붙여 놓았다고 했다. 대학생인 오빠도 마음의 평화가 필요한가 싶어 의아했다. 그때가 1979년이었으니 시국이 참 불안하던 때였다.

"너희들 킹 크림슨이란 가수 들어 봤냐?"

오빠는 뜬금없이 철학자 같은 표정을 지으며 물었다. 그의 〈에피타프〉란 노래를 들어봐야 한다며, 자기가 DJ 아르바이트하는 명동 음악다방에 놀러 오라고 했다. 커피도 사주겠다고 하면서. 졸업하면 다방이라는 곳도 가봐야지 벼르던 우리는 신이 나서 약속 날짜를 잡았다.

"이제 너희들은 이 방 문턱을 넘으며 소녀에서 숙녀가 되는 거야."

오빠가 농담처럼 한 말이었지만 나는 진지했다. 진토닉이 새로운 맛을 보게 한 것처럼 나는 이제 이 문턱을 넘어

성인의 세계로 진입하리라 확신했다.

  진토닉을 혀에 적신 이후 우리는 한동안 오빠가 일하는 다방의 죽순이들이었다. 맛도 모르는 커피를 마시며 킹 크림슨의 〈에피타프〉를 신청해 듣고 또 들었다. 마음속 평화를 얻지 못하고 방황하던 어둡고 칙칙했던 시절 DJ 오빠에게 처음으로 성인 대접을 받았던 그 날. 초라하기 짝이 없던 내 20대 시작이 순간 크리스털처럼 반짝이며 빛나던 환희를 나는 잊지 못한다. 풋사과 빛깔 청춘이 다 가도록 희망의 불빛이 마음속에서 꺼지지 않았다.

경춘선 완행열차

싸늘한 바람에 코끝이 시리다. 뉴스에서는 연일 다가오는 수능시험 날짜를 세는 계절, 입시 철만 되면 나는 앓는다. 오래전 대학입시를 치르던 소녀가 생각나 지금도 가슴이 아려오는 것이다.

가정형편이 어려워 대학 진학을 포기해야만 했다. 그러나 대학에 꼭 가고 싶었다. 선생님께서 춘천에 있는 한 여자대학을 추천해주었다. 성적도 충분하니 본고사만 잘 보면 장학금을 탈 수 있을 거라고 용기를 북돋아 주셨다. 나는 희망에 부풀었다. 내 힘으로 학업을 계속할 수 있다고 부모님을 설득했다.

입학시험 전날 엄마와 경춘선 열차를 탔다. 을씨년스런

겨울 들녘, 드문드문 보이는 낮은 지붕의 집들이 추워 떨고 있었다. 시선을 어디에 두어야 할지 몰라 당황해하던 모녀는 아무 말도 없이 창밖을 뚫어져라 바라보았다. 만감이 교차했을 복잡한 엄마의 얼굴이며 자존감으로 꼿꼿했으나 어두웠을 내 모습이 떠오른다.

짧은 겨울 해가 넘어가고 거리에 어둠이 짙어졌을 때 춘천역에 도착했다. 학교 근처 여관은 이미 다 나가 구할 수가 없었다. 경쟁률이 만만치 않겠구나고 생각하니 가슴이 오그라들었다. 어둡고 낯선 거리를 한참이나 헤매다 겨우 찾아낸 숙소. 좁은 골목에 가파른 계단 맨 꼭대기에 있는 허름한 여인숙이었다. 어둡고 냄새나는 복도 끝에 있는 방은 누추했다. 누렇게 빛바랜 벽지에 곰팡이가 피어있고 꾀죄죄한 이부자리가 한구석에 놓여 있었다. 비닐장판은 군데군데 담뱃불에 덴 자국이 보였다. 온기라곤 없는 눅눅하고 너저분한 방이 내 처지를 실감나게 했다.

철들고 처음으로 엄마와 오롯이 한방에 마주 앉았다. 지금 같으면 그 시간이 눈물겹도록 소중했을 텐데. 공부하겠다는 한 가지 생각밖에 없었던 이기적인 나는 좋은 성적을 받아야 한다는 압박감에 아무런 생각도 할 수 없었다. 그 밤 엄마는 별말씀이 없었지만 오랫동안 잠 못 이루면서 뒤척이셨다.

시험을 치르고 서울로 돌아오는 기차에는 내 또래의 여고생들과 엄마들로 꽉 차 있었다. 겨울 날씨답지 않게 따뜻한 햇볕이 기차 안에 포근함을 더해 주었다. 차창 밖 황량하고 헐벗은 풍경과는 대조적이었다. 내 앞 좌석에 앉아있던 해맑은 여학생은 자신감에 차 있었다. 그녀는 시험을 잘 보았는지 미래에 대한 청사진을 펼쳐 보였다. 그 티 없는 맑음이 부러웠다. 장학생 선발이 안 되면 시험을 본 것만으로 만족해야 하는 나와 달랐다. 그래서 더욱 초라해지는 자신을 감출 수가 없었다. 꼭 연락하자며 연락처를 주던 그녀를 씁쓸한 눈빛으로 쳐다봤던가. 한동안 절망감이나 좌절감이 찾아올 때면 그녀의 밝았던 웃음이 생각나곤 했다.

그해 나는 대학에 가지 못했다. 눈부셔야 할 스무 살 청춘은 절망이 무엇인지 그때 알아버렸다. 화사한 햇빛이 무서웠다. 열등감은 나를 움켜쥐고 놓아 주지 않았다.

몇 년 전 큰애가 재수를 한다고 했을 때 내가 대학에 떨어졌을 때보다 훨씬 마음이 아팠다. 공부도 잘하고 성실한 아이여서 실망이 더 컸다. 내 정성이 부족한 것 같은 자책감이 밀려왔다. 커다란 가방을 메고 트레이닝복 차림으로 새벽길을 나서는 딸아이를 보며 속울음을 울었다. 젊은 날의 내 모습이 겹쳐져 마음이 심란했다. 그 가방의 무게를 내가 얹어준 것 같은 죄책감에 잠 못 이루는 날이 많았다. 딸의 뒷모습을 보면서 옛날 춘천에서 잠 못 이루던 엄마의 마음을 어렴풋이나마 헤아리게 되었다.

살면서 여러 번 춘천에 가고 싶었다. 아픈 내 청춘을 보듬어 주고 싶었다. 딱히 못 갈 이유도 없었는데 가고 싶은 마음만큼 가고 싶지 않은 생각 또한 강했는지 모르겠다. 어느 날 완행열차였던 경춘선이 없어진다는 기사를 읽었다. 내 젊은 날이 사라져 버린 듯해 가슴이 아팠다. 몇 날을 그렇게 앓았다.

사라진 경춘선과 함께 내 기억도 사라지길 바랐다. 하지만 그 이후로도 늦가을만 되면 가슴이 아린 것은 여전했다. 이제 벗어날 때가 됐는데도 말이다. 훌훌 털어내는 시원한 성격을 갖지 못해서이다. 경춘선 완행열차는 내 젊음을 싣고 가버렸다. 젊은 날의 내 꿈도 싣고. 그래, 손에 쥐고 있는 것보다 빠져나간 것이 늘 더 커 보이고 아름다워 보이기 마련 아니던가.

   그대 떠난 지 오랜 지금
   아릿한 아픔은 추억이었네
   상처 난 가슴은 나를 성장시켰고
   이제 그대 먼 그리움으로 남아있네

정릉 경국사를 찾아서

 우리는 어려서부터 이사를 자주 다녔다. 손가락으로 헤아려보기에도 벅차다. 추억할 나이가 되고 보니 예전에 살던 곳 중 꼭 한 번은 가 보고 싶은 곳이 더러 있다. 스무 살 꽃다운 시절에 살던 정릉이 그중 한 곳이다. 근처에 경국사가 있었다. 추석 연휴에 큰딸이랑 바람이나 쐴 겸 경국사에 갔다.

떠난 지 40년 만이다. 지척에 살면서 거기 가기가 그리 오래 걸리다니. 일이 바빠서라기보다는 언제든지 마음만 먹으면 갈 수 있을 거란 안이한 마음에 세월만 마냥 흘려보낸 것 같다.

고등학교를 졸업하고 대학 입학시험에 실패해 얼마간

부산 언니네 집에 가 있었다. 그러나 그곳에 오래 있기도 여의치 않아 1년 만에 서울로 돌아왔다. 그사이 우리 집이 대방동에서 정릉으로 이사를 했다. 처음 가 보는 동네를 주소만 달랑 들고 이 골목 저 골목을 헤매던 그날의 막막함이 지금도 생생하다. 당시 5번 버스 종점에서 내려 헤맸는데…. 정릉은 서울 산동네의 대표적인 곳 중 하나였다.

내가 부산에서 꼬박꼬박 월급을 부쳐 줬지만 집안 형편은 전혀 나아지지 않았다. 결국 대방동에서 또다시 정릉 산꼭대기로 이사한 것이었다. 달동네로 터전을 옮겨야만 했던 아버지의 심정은 오죽했을까마는 내 꿈이 점점 멀어져만 간다는 절망감에 원망스럽기도 했다. 싫든 좋든 우리는 그 동네에서도 세 번이나 이사하며 십 년 넘게 살았다.

정릉에 살던 때를 떠올리면 잊히지 않는 일화가 있다. 5번 버스정류장까지는 아스팔트가 깔려 있었지만, 골목을 지나 동네로 들어서면 흙길이었다. 비라도 오면 온통 진흙탕 길이 되었다. 동네 사람들은 종점 근처 단골 구멍

가게에 장화를 맡겨놓곤 했다. 비 오는 날 퇴근할 때면 가게에 들러 장화로 갈아신고 귀가하고, 아침에 들러서 다시 구두로 갈아신고 출근하곤 했다. 서울이라 해도 시골과 크게 다르지 않았던 그때의 풍경은 아직도 기억 속에 선명하다.

서울로 올라온 지 얼마 안 돼서 나는 아버지 아는 분의 소개로 청계천의 작은 직물회사에 취직을 했다. 대구 공장에서 발주한 직물들을 사서 방산시장 상인들에게 되파는 중간 도매업을 하는 사무실의 총무였다. 대장 격인 경리 언니와 친하게 지냈다. 스물아홉인가 서른 살 정도 됐는데 그때는 노처녀라고 불렀다. 성격이 호방하고 직설적이어서 처음에 혼도 많이 나고 무섭기도 했다. 일이 익숙해지고 함께하는 시간이 길어질수록 친자매 같다는 소리를 들을 정도로 가까워졌다. 퇴근하면 술도 같이 마시고 영화도 보러 다녔다. 눈치 없이 언니의 소개팅에 따라나가기도 했다. 그렇게 직장생활에 잘 적응하는 듯했다.

그러나 대학에 못 간 열패감은 그 무엇으로도 대체할 수가 없었다. 대학생이 아닌 몇 푼 안 받는 월급쟁이 내

처지가 초라하기 짝이 없었다. 그래서 늘 우울했다. 쉬는 날 약속도 없고 별 할 일도 없으면 좁은 집구석에 있다가는 가슴이 답답해 죽을 것 같아 뛰쳐나와서는 집 근처 천변을 마냥 걸었다. 걷다 보면 경국사 앞까지 오기가 일쑤였다. 어떡하든지 대학에 꼭 가야겠다는 염원으로 그 절집 마당을 돌고 또 돌았다. 종교를 갖고 있지 않았지만, 대학입학의 염원을 품고 마당을 돌다 보면 마음이 정리되고 편안해지곤 했다. 하지만 현실적으로는 대학에 갈 방법은 요원하기만 했다.

차가 청수장 쪽으로 돌자 낯선 길이 나왔다. 도로 폭이 훤하게 넓어졌고, 주변의 상가들 모두 번듯한 건물로 바뀌었다. 정릉 입구에서 청수장 중간쯤에 있던 정릉시장은 멋진 새 간판을 걸고 여전히 건재함을 보여주고 있었다. 예전 시장 모습을 떠올리니 낯익은 장면들이 겹쳐졌다. 조금이라도 싸게 사려고 실랑이하는 자그마한 엄마가 보였고, 어깨 축 처진 아버지가 선술집 문을 여는 모습도 보였다. 문구점 앞에 쪼그리고 앉아 게임하는 막냇동생을 잡으러 다니던 일까지 마치 어제 일처럼 떠올랐다.

조금 더 올라가니 드디어 경국사라는 표지판이 보였다. 표지판만 보았을 뿐인데 내 심장은 쿵쾅거리기 시작했다.

'제발 기억 속의 절이 많이 훼손돼 있지 않기를….'

내 마음은 달음박질치고 있건만 버스는 아랑곳하지 않고 느릿느릿 돌다리를 건너고 있었다. 가물거리는 기억을 잡아내느라 애를 썼다.

"어머나! 그대로야, 그대로!"

버스에서 내리자 아름드리나무들이 여전히 그 자리를 지켰다. 변함없이 햇빛을 가리고 어둡고 축축한 그때의 그 느낌으로 나에게 안겼다. 깊은 숲속에는 고요한 정적이 흐르고 시간마저 정지된 것 같았다. 예전과 똑같은 모습으로 서 있는 일주문이 반가웠다. 오랜 세월 마음속에 간직했던 내 소중한 것을 만난 것 같았다.

일주문을 두어 번 쳐다보고 길을 따라 절집 안으로 들어갔다. 길을 걷는데 '시간을 거슬러 오르는 연어처럼'이란 시구가 떠올랐다. 연어가 되어 돌아온 기분이었다. 무성한 나무 길을 걸으며 예전처럼 숨을 깊이 들이마셨다. 스무 살 시절 답답한 가슴을 시원하게 뚫어주던 그 나무

향기 그대로였다. 수행도량이어서 더 경건했던 경국사 절 마당에 들어섰다. 대웅전을 올려다보며 탑 앞에 섰다. 어떡하든 대학에 꼭 가리라는 염원으로 탑 주위를 돌던 스무 살, 그때의 내가 아직도 거기에 있는 게 아닌가! 그 애를 만나려고 그렇게 여기에 오고 싶었던 것이었을까.

순간 바람이 불어와 도토리가 널빤지 위로 우수수 떨어졌다.

"우두둑 쾅."

생각보다 큰 소리에 깜짝 놀랐다. 도토리 하나가 내 어깨 위로 떨어졌다.

"아얏!"

부처님이 내리친 죽비인가! 올려다보니 나뭇가지 사이로 번져오는 황금빛 가을볕이 얼굴을 간질인다. 나뭇잎 사이를 타고 오는 선선한 바람이 내 귀에다 속삭인다. 애써 외면했던 나의 가여운 스무 살을 껴안아 주라고, 애달파서 더 아름다운 청춘이었다고, 힘겨워서 자랑스럽다고, 꿈은 그렇게 도달해야 보석이 되는 것이라며 어깨를 어루만지며 스쳐 지나간다.

추석을 맞은 절집은 조용하다 못해 고요하다. 말간 고운 햇빛이 절집 처마에 머문다. 순간 내가 이곳에 온 것이 만나기 위해서가 아니라 놓아주기 위해서 왔구나 하는 생각이 든다.

딸기잼을 만들며

 쌀쌀한 봄바람에 몸을 움츠리고 걷고 있을 때였다. 길가 과일 트럭에 싱싱한 딸기가 눈에 들어왔다. 냉큼 딸기 한 상자를 샀다. 딸기잼을 만들고 싶어서였다. 잼은 1810년 나폴레옹 시절 전쟁 식량의 한 방편으로 개발되었다. 살균된 유리병에 과일과 설탕을 끓여 식힌 것을 밀폐하면 언제 어디서건 오래 두고 먹을 수 있다. 당시의 방법 그대로 21세기를 사는 나도 잼을 만들려고 한다.

개수대 안에 가득 찬 초록 꼭지에 매달린 빨간 열매가 침샘을 유혹한다. 씻던 딸기 한 알을 입에 쏙 넣는다. 상큼하면서 달콤한 과육이 입안 가득 찬다. 큰 냄비에 딸기와 설탕을 넣어 버무린다. 눈 속에 핀 동백꽃이 냄비 속에서 온통 꽃밭을 이루고 있다. 올봄 오동도에 핀 동백꽃이라 생각하며 끓이기 시작한다. 얼마 지나자 딸기 향이 집안 가득 퍼진다. 어릴 적 내가 꿈꾸었던 세상을 향기로 표현한다면 이런 냄새였을지도 모른다는 생각이 든다.

냄비 뚜껑이 들썩인다. 들썩이다 못해 쉭쉭 더운 김을 내뿜는다. 냄비 안을 들여다본다. 딸기와 설탕이 섞이기 시작하며 부글부글 거품이 끓어오른다. 갑자기 어설펐던 내 젊은 시절이 생각난다. 소리만 크고 실속이 없었던 그 시절, 하고자 하는 일은 많은데 어디서부터 어떻게 시작해야 하는지 몰라 허둥대던 때의 내 모습이 저랬으리라.

내가 고등학교 3학년 때 위태롭던 아버지의 사업이 부도가 났다. 우리 여섯 식구는 간단한 살림살이만을 챙겨 대방동으로 이사했다. 아버지는 그해 겨울 쿠웨이트로 떠났다. 대학입시를 준비하던 나의 세상은 바닥부터 무너졌다. 무엇보다 고등학교에 다니던 동생들의 학업이 걱정이었다. 결국 맏이인 내가 부모님을 도와야 했다.

냄비 속은 거품이 부풀어 오르고 있다. 국자를 꺼내어 거품을 걷어 낸다. 꿈 많았던 여고 3학년 시절. 마지막 남은 꿈마저 걷어 내듯 국자로 원을 그리며 냄비 속 거품을 말끔히 걷어 낸다.

딸기와 설탕이 어우러져 녹지근하게 끓는다. 몽글몽글 졸여지며 군데군데 풍선이 생긴다. 한껏 명랑하게 부푼 풍선이 톡톡 터지면서 색이 진해지면서 걸쭉해진다. 뭉근히 졸일수록 설탕의 모습은 사라져간다. 냄비 속에선 부푼 동그라미가 계속 터지면서 저절로 녹아들고 스스로 물들이며 저만의 색깔을 만들어 간다. 나도 꿈꾸고 좌절하며, 넘어지면 일어나기를 반복하며 단단해져간다. 그렇게 사람과 세월에 부대끼며 꿈꿨던 삶에서 점점 멀어져 간다.

냄비 속 재료들을 국자로 휘휘 젓는다. 아직 덩어리로 버티는 것은 술래 잡듯 찾아내 눌러 으깬다. 고집 부리지 말고 곱게 엉기라고 어른다. 현실에 적응할 수 있도록 때론 시간이 밀어주고, 채근하고, 손잡아 주듯이. 그저 둥글게 세상을 살아가도록 돕듯이 국자 젓기를 계속한다. 딸기잼을 만드는 데도 은근한 인내가 필요하다. 딸기와 설탕이 서로 엉기며 끈기가 생기고, 나도 현실과 타협하면서 새로운 나를 만들어 간다.

  이제 딸기는 형체가 없다. 검붉은 색과 향기만이 전에 딸기였음을 알린다. 설탕을 만나 불에 달궈지고 뒤섞이며 저만의 독특한 색과 맛을 만들어낸 것이다. 국자 끝에 묻은 잼을 맛본다. 달다. 열탕 소독한 병에 완성된 딸기잼을 담는다. 소독했다는 것은 더 이상 변하지 않고 보존된다는 뜻도 포함하고 있다.

  잼을 맛보듯 나도 맛을 본다면 어떤 맛일까? 어쩌면 나 한승희란 잼은 달콤하지만은 않을 것 같다. 달고 쓰고 맵고 그리고 세월의 아린 맛도 들어있으리라.

상처받았던 마음도 초라하던 열패감도 다 날아가고 달짝지근한 기쁨이 내 속에 차올랐다. 내 안에 꽃씨 한 알 품고 있었나 보다. 바람을 타고 왔을까. 따스한 입김으로 왔을까. 내 속의 꽃씨는 어떤 꽃일까. 산에 오르며 오늘도 내 꽃씨를 생각한다.

2. 여물다

마음에 불빛이 들어올 때

수세미 덩굴 그늘 아래서

단맛을 찾는 하이에나

당신을 환영합니다

베란다에서

꽃씨 한 알

한눈팔기

데스밸리 단테스 뷰

간절곶에서 하룻밤

오이지

마음에 불빛이 들어올 때

한동안 연락이 뜸했던 후배 문우에게서 전화가 왔다. 금방 길에서 마주친 것처럼 반가웠다. 안부를 주고받고 그동안 근황을 물었더니, 전화기 너머로 그녀의 경쾌한 웃음소리가 들려왔다.

"언니, 저 아르코창작지원금 선정되었어요. 자랑질하고 싶어요. 호호호."

"진짜? 와 축하해요! 정말 좋겠다. 부러우면 지는 거라지만 그래도 부럽네요."

그녀는 오랫동안 교사로 일하다가 명예퇴직을 하고 남편과 해외여행을 즐기며 여유로운 시간을 보내고 있었다. 그렇게 지내다가 새해가 되면서 한 가지 결심을 하게 되었다고 했다. 한 가지 주제로 천 단어 이상의 글을 매일 쓰겠다는 목표를 세우고 꾸준히 실천했단다. 틈틈이 공모전에도 응모하여 당선되기도 했다. 자신의 목표를 향해 담금질한 도전이 열매를 맺은 것이다.

그녀의 이야기를 듣고 나니 생각이 많아졌다. '난 뭘 했지?' 생각만 품고 흘려보낸 시간이 부끄러웠다. 구체적인 계획도 세우지 않았다. 계획이 없으니 실천 또한 있을 리 만무했다. 당장 나도 뭔가 실천할 수 있는 목표를 세워야겠다는 생각에 마음이 조급해졌다.

1월이 다 지나가고 있었다. 그래도 아직은 늦지 않았다고 다독였다. '무엇을 할까?' 늘 새해가 되면 계획을 세우곤 했다. 작년에는 수영하리라 마음먹었다. 숨 쉬는 것 말고는 운동이라는 걸 싫어하던 나는 기필코 해보리라 다짐했다. 하지만 생각지도 않은 팬데믹으로 각종 운동 시설이 문을 닫는 바람에 일생일대의 계획은 수포가 되고 말았다. 그렇게 차일피일 1년을 보냈다.

이번에는 달랐다. 구체적인 목표를 세우기 위해 꽤 고심했다. 일기를 쓸까? 하루도 거르지 않고 쓸 자신이 없었다. 이것저것 생각하다가 독서일기를 써보기로 했다. 꼭 책을 읽고 감상을 쓰지 않아도 되고, 좋은 구절을 베껴 놓기만 해도 좋을 것 같았다. 무엇보다 날마다 책을 읽을 것이고 다른 어떤 것보다 잘할 수 있으리란 자신감도 한 몫 거들었다. 구체적인 데다 연말까지 도전할 과제가 생긴 것에 만족감이 일었다. 막연하게 새해니까 일 년 계획을 세워야 하지 않나 하는 강박에서도 벗어났다. 앞으로 얼마나 꾸준히 할 수 있을 것인가만 남았다. 규칙적으로 뭔가 해야 하는 일을 지속하는 방법은 습관이 되게 하는 것이다. '습관이 되면 힘들지 않다'라는 말을 믿어 보기로 했다.

그녀의 전화를 기점으로 당장 독서일기를 시작하기로 했다. 예쁜 노트도 마련했다. 맨 앞장에 '2021년 나의 독서일기'라고 커다랗게 힘주어 썼다. 다시 한 장을 넘겼다. 날짜를 썼다. 1월 25일. 첫날. 무슨 책으로 시작할까? 왠지 근사한 책으로 시작하고 싶었다. 책장을 살펴보니 재미있게 다 읽은 것도 있고, 지루해서 읽다 만 책들도 눈에 들어왔다. 책을 고르는데 한참을 망설였다. 이 와중에도 그럴듯한 책을 찾는 내가 한심했다. 고심 끝에 장석주 작가가 쓴 《글쓰기는 스타일이다》를 집어 들었다. 나의 독서일기도 나만의 스타일을 잡아야 할 것 같은 생각에서였다.

그렇게 시작한 독서일기는 위험한 3일을 넘기고 일주일이 넘어가고 있었다. 그냥 읽는 것과 목표가 있는 책 읽기는 조금 달랐다. 평소보다 집중하며 기억해야 할 문장을 더 꼼꼼하게 보게 되었다. 열흘을 넘기면서 독서일기 노트도 차츰 메꿔지고 있었다. 써 놓은 부분이 늘어날수록 뿌듯했다. 뭔가 해내고 있다는 나 자신이 자랑스러웠다.

드디어 한 달이 되는 날, 독서일기 시작한 날의 페이지를 펼쳐보았다.

'허기진 삶. 작가가 되기 위한 지독한 어려움과 외로움'

'육체의 굶주림보다 더 힘든 것이 영혼의 허기'

장석주의 이야기 서두를 적어놓았다. 그 아래는 '아무래도 문학은 궁핍이나 결핍에서 시작되나 보다.'라고 써 놓았다. 아무것도 하지 않는 무력감을 잘 지적해 주었고 그것이 나를 건드렸다. 책을 읽고 일기를 쓰니, 이전에 느끼지 못하던 어떤 안정감이 나를 감싸 안는 것 같다는 내용도 있었다. 책에 소개된 작가들의 글쓰기 스타일을 숙지하면서 내 글의 스타일은 어떻게 잡아갈까에 대해서, 제법 진지하게 고민한 흔적이 드러나 있었다. 역시 시작하길 잘했다.

100일이 지나가고 있었다. 100일은 마늘만 먹던 곰이 꿈을 이룬 시간이다. 스스로 대견해하던 것도 잠시, 어느 순간 책 읽는 것이 허술해지더니 꾀가 나기 시작했다. 이러다 또 용두사미가 될까 슬슬 겁이 났다. 책에 대한 간단한 소회를 적는 것도 쉬운 일이 아니었다. 매번 비슷한 감상 포인트도 지루했다. 어떻게든 해내리라 생각하고 시집을 펼쳤다. 시에 대해 나만의 해석을 적는 것도 어려워지자 그냥 마음에 드는 시를 필사하며 독서일기를 대신하고 있었다. 적어도 빼먹지는 않은 것을 위안으로 삼으면서 말이다.

그러면서 점점 많은 시집을 보게 되었다. 은유와 시적 상상력으로 가득한 시들을 읽는 것도 생각보다 만만치 않앉다. 그래도 자주 읽다 보니 어렵다고만 생각하던 시가 좋았다. 작가의 독특한 생각을 발견해 낼 때라든지 색다른 글을 읽을 때의 기쁨은 독서에 탄력을 붙게 했다.

어느 날 읽은 문정희의 〈쓸쓸〉이라는 시가 주는 위트는 당장 시를 쓰고 싶을 만큼 마음을 움직이게 했다.

손글씨로 써 보네 산이 두 개나 위로 겹쳐 있고
그 아래 구불구불 강물이 흐르는
단아한 적막강산의 구도!

두 개의 산이 겹쳐 있고 구불구불 강물이 흐르는! 아, 어쩌면 '쓸쓸'이라는 글자에서 저토록 기발한 발상을 포착했을까. 글자의 구조를 노래하는 시인의 창의적 시 세계가 잠자는 나의 뇌를 강타했다. 정신이 번쩍 났다.

독서일기를 시작한 지 6개월이 넘었다. 일어나면 산책하고 돌아와 책을 읽고 독서일기를 쓰는 일상이 이어지고 있다. 날마다 짬을 내어 그것을 일상과 더불어 기록하는 일이 여전히 녹록지 않았지만 내게도 드디어 루틴이 하나 더 생긴 것이다.

'내 안의 나'를 발견하는 매일이 새삼 대견하다. 감정을 건드리는 글귀가 보일 때마다, 반짝하고 들어오는 마음의 불빛이 온통 기쁨을 주는 요즘이다.

수세미 덩굴 그늘 아래서

팔월 땡볕으로 온 세상이 축 늘어진 오후. 유일하게 수세미 덩굴만이 이글거리는 태양을 향해 당당하게 대적하고 있다. 현관 앞 평상 위 대나무 지지대를 타고 초록을 한껏 뿜어내며 노란빛 꽃을 수북이 피우고서 말이다. 싱싱한 수세미 덩굴 그늘 아래서는 여름의 더위조차 무색하다. 일손을 잠시 놓은 동네 아낙들도 땀을 식히려 하나둘 모여든다.

뒤늦게 시골에다 터를 잡은 엄마는 농사를 짓지는 않는다. 근사한 수세미 그늘을 만들어 놓고 땡볕에서 일하다 잠시 쉬려는 사람들을 위해 얼음 둥둥 띄운 냉커피며 참외와 수박도 먹기 좋게 썰어놓고, 지난 장날에 사 온 옥수

수까지 쪄서 내온다. 평상에 엉덩이를 걸친 동네 분들이 땀을 식히며 맛있게 먹는 모습에 엄마는 그저 신이 났다.

엄마의 귀농은 갑자기 이루어졌다. 서울에서 태어나 서울을 떠나 살아 본 적 없는 엄마의 결정에 우리는 깜짝 놀랐다. 나주 친구분 댁을 몇 번 오가더니 그곳에 살 기반을 마련하셨다. 서울 살림을 정리하고는 곧바로 나주로 결연히 떠나셨다.

나주로 가기 삼 년 전 엄마는 이민 간 큰아들의 초청으로 서울을 떠났다. 꿈에 부풀어 간 미국행이 3년을 넘기지 못했다. 아들 내외와 손자는 아침에 나가 밤에 들어왔다. 피곤해서 쓰러져 자는 아들과 이미 견고해진 그들의 생활에 당신 손이 비집고 들어갈 틈이 없었다. 밖을 나가자니 말이 통하기를 하나 그렇다고 할 일이 있기를 하나 입에서는 곰팡내가 나기 시작했다. 향수병에 시름시름 앓다가 결국 한국으로 돌아오셨다. 그러고는 이제부터는 당신 의지대로 혼자 삶을 꾸려가야겠다고 마음먹은 것 같았다.

나주에서의 생활은 생각보다 적응이 빨랐다. 설날에는

동네 분들에게 만두를 빚어서 함께 삶아 먹기도 하고 달달한 커피를 타서 같이 마시며 이웃 간의 정을 돈독히 쌓으셨다. 서울에서 살던 때보다 더 윤기가 나는 엄마의 생활에 우리는 조금씩 마음이 놓였다.

 동네 분들의 도움을 받으며 엄마도 집 앞에 있는 텃밭에 농사를 지어보기도 하셨다. 고추 모종을 사다 심고, 고구마며 뒤꼍에 호박도 심어 덩굴도 제법 올라갔다. 열심히 가꾸었어도 수확은 형편없었다. 그런데 수세미만큼은 마을에서 최고였다. 엄마네 집을 지나가며 현관 앞에 흐드러지게 늘어진 싱그러운 수세미 덩굴을 본 마을 분들은 죄다 한마디씩 했다.

 "서울댁 수세미 키우는 솜씨가 제법 익어."

 엄마는 그 말에 그저 흐뭇한 미소로 답한다. 저 시원한 그늘이 동네 분들의 휴식처만은 아닐 것이다. 냉커피를 나르고 수박 조각을 내오느라 무릎이 시큰거려도 엄마는 나름대로 마음의 휴식을 누릴 터였다. '이렇게나 마음이 경쾌하고 시원할 수가!' 탄복하며 지내실 것이다.

 나도 예순을 넘기고 보니 엄마의 생애가 얼마나 힘겹고

쉼 없는 삶이었나 싶어 목이 메어온다. 그 시절 남자들은 만만한 게 마누라였는지, 아버지도 하는 일이 잘 풀리지 않을 때마다 애먼 엄마에게 화풀이해댔다. 행여 우리가 낌새를 알아차릴까 봐 엄마는 묵묵히 그 악다구니를 혼자서 다 받아냈다. 게다가 아버지가 채워주지 못하는 경제적 결핍까지도 메꿔가며 우리 사 남매를 학교 보냈다. 우리는 철들 때까지도 그런 내막을 잘 몰랐다. 혼자 겪어야 하는 엄마 속은 얼마나 썩었겠는가. 수세미 알맹이처럼 마음에 구멍이 숭숭 난 엄마는 이 힘든 삶을 잠시라도 내려놓고 싶었으리라. 단 한 번만이라도 온전한 휴식을 취해봤으면 하고 간절히 바랐을 것이다. 이제야 엄마가 맘 편히 쉴 수 있는 그늘막이 만들어진 것만 같아 다행이라 생각한다.

수세미꽃이 떨어지고 열매가 맺기 시작하면 자식이라도 되듯 애지중지 키우셨다. 예쁘고 튼튼하게 잘 자라면 이런저런 특효약을 만들어 당신 자식들에게 선물하신다. 특히나 열매에서 나오는 즙은 엄마가 애용하는 최고의 화장수였다. 엄마는 어떤 값비싼 화장품보다도 수세미즙을 좋아하셨다. 처녀 적에 얼굴 피부병으로 고생하셨는데 병원 약도 소용이 없었다고 했다. 마침 옆집 할머니가 수세미즙을 바르면 낫는다고 해서 발랐더니 피부가 거짓말처럼 깨끗해졌다고 했다.

"미안수는 수세미즙이 최고야!"

엄마가 수세미즙을 받을 때마다 잊지 않고 하시는 말이다. 나에게도 수세미즙을 담은 박카스 병을 보내신다. 써보니 그 어떤 화장품도 이 수세미 화장수에 버금가는 것이 없을 듯하다.

가을에 마지막으로 수확한 수세미들은 가마솥에 푹 고아 낸 뒤 꿀에 버무려 수세미청을 만드신다. 기관지가 약한 손녀딸을 위해 기침할 때 차로 마시면 좋다고 매년 보내신다. 떨어진 열매나 쉰 것들은 푹 삶아 말려서 수세미로 쓴다. 환경보호에 맞춰 천연수세미를 쓰는 분들이 많아서 가까운 친척들이 다투어 가져간다. 그렇게 나눠 줄 때마다 엄마의 얼굴 가득히 웃음꽃이 핀다.

당뇨가 있는 엄마는 수세미를 얇게 저며 말려서 보리차처럼 끓여 드신다고 한다. 더위가 누그러지는 초저녁 수세미 덩굴 그늘 아래서 수세미 차를 마시는 엄마 모습을 떠올린다. 붉게 번지는 노을을 바라보며 엄마는 속이 후련하도록 긴 한숨을 내쉬곤 하실 게다. 엄마라는 짐과 아내라는 굴레를 벗고 드디어 홀가분해진 기분. 추상적인 자유라는 단어로는 설명할 길이 없는 내려놓음의 평안 상태일 터. 부디 뒤늦게라도 찾은 자유를 맘껏 누리시기를 간절히 바란다.

  어느덧 엄마네 마당가에는 가을이 내려앉는다. 여름내 팽팽하게 무성하던 수세미잎들이 떨어져 바람에 온몸을 내맡긴 채 허허롭게 날고 있다.

단맛을 찾는 하이에나

어릴 때 나는 단것을 입에 달고 살았다. 엄마는 우리에게 하루 정해진 양 3개씩 나눠 주고는 사탕봉지를 감추었다. 사탕 3개로 어림없는 나는 사탕을 찾아 집 안을 뒤지느라고 아무것도 하지 못했다. 굽이굽이 시간을 보낸 지금도 그 사탕을 찾아 헤매곤 한다. 나는 왜 나이를 먹어서도 단맛에 매달리는 걸까.

단맛은 뇌의 기쁨 중추를 자극한다는 연구결과도 있다. 스트레스가 쌓이는 날에는 달콤한 것을 먹는다고 하니 단맛이 주는 즐거움은 혀끝의 자극만은 아니지 싶다. 실제로 세르비아의 한 대학생은 수시로 난민기부센터를 찾아가 수 십 명의 아이들에게 사탕을 나눠 준다고 했다. 어디를 가나 냉대를 받아온 난민들에게 사탕은 단순한 사탕이 아니라 사랑이었을 것이다.

  나는 첫돌이 지나자마자 동생을 봤다. 동생을 낳은 날 밤에 엄마는 발치에 뭔가 닿는 느낌에 한밤중에 깨어났다 했다. 일어나 보니 어린것이 제 아버지가 벗어 놓은 양말 짝으로 소리 없이 눈물을 찍어내고 있더란다. 애처로워 꼭 안아 주었다고 했다. 그리고 머리맡에 있던 사탕 하나를 집어내 내 입속에 넣어 줬다고 했다. 그러니까 내가 그토록 단것을 갈구하는 것은 빼앗겨 버린 엄마를 대신하는 헛헛함이었는지도 모른다.

  내가 기억하는 오래된 단맛은 설날 가래떡에 찍어 먹던 조청이다. 방앗간에서 갓 뽑아온 가래떡은 보기만 해도 침이 넘어갔다. 그런데 큰아버지가 드시는 가래떡 쟁반에는 작은 종지가 곁들여 있었다. 갈색의 액체. 말랑한 가래떡을 조청에 찍어 혀끝에 살짝 댔을 때 그 아련한 단맛. 그것은 잃어버린 엄마 품속처럼 달콤하고 안타까운 맛이었다. 실수로 조청을 방바닥에 떨어뜨릴라치면 얼른 집게손가락으로 찍어서 빨아먹던 그 맛. 가물가물한 엄마의 젖맛이었는지도 모르겠다. 큰아버지는 조청 찍은 떡을 쪽쪽 빨아먹기만 하는 나를 야단하면서도 일 년에 한 번 있는 호사를 누리게 하셨다.

겨울이 되면 엄마는 갱엿을 사 오셨다. 보름달만큼 둥근 엿판은 보기만 해도 푸짐했다. 흰 땅콩이 박혀 있던 엿판을 망치로 살짝 치면 여러 조각으로 부서졌다. 입을 벌리며 달려드는 제비 새끼 같은 우리에게 엿 조각을 넣어주셨다. 온 식구가 한방에 모여앉아 입이 미어져라 녹여 먹던 엿의 단맛은 추운 겨울밤을 훈훈하게 데워주었다. 엿을 가득 물어 떼어지지 않는 입으로 무어라 말하며 깔깔대던 그 시절의 달달함을 지금도 잊을 수 없다.

엄마가 시장 갈 때 따라가서 얻어먹던 찐빵의 단팥, 학교 앞 연탄불에 녹여 먹던 달고나, 크림빵 속 크림…. 날이 갈수록 새로운 단맛들이 유혹했다. 나는 기회가 생길 때마다 그런 단맛을 맛보며 흠뻑 빠져들었다. 오직 단맛만을 알고 지내던 달콤한 시절이었다.

그런데 그동안 내가 알고 있던 단맛의 전환점이 왔다. 고등학교 때 단짝 친구는 내게 신기한 맛을 보게 해

주었다. 언니가 가져 왔다고 하면서 작은 물건 하나를 손바닥 위에 올려놓았다. 한 뼘도 채 안 되는 양주병 모양의 초콜릿이었다. 그 속에 위스키가 들어있었다.

"술이 들었는데 먹어도 될까?"

"조금이라 괜찮대."

앙증스러운 모양 때문에 먹기가 아까웠다. 그렇지만 어떤 맛일까 궁금한 것도 참기 힘들었다. 조심스럽게 은박지를 벗겼다. 진한 밤색의 알몸이 드러났다. 섹시했다.

"어서 먹어!"

냉큼 입안에 넣었다. 달콤하면서 쌉쌀한 초콜릿 맛이 느껴졌다. 잠시 망설이다가 살짝 깨물었다. 씁쓸하면서 톡 쏘는 위스키가 입안을 적셨다. 짧은 순간이었지만 금단의 열매를 따 먹는 이브가 된 것 같았다. '취하면 어떡하지.' 하는 걱정도 잠시 달콤 쌉쌀한 초콜릿 맛에 코끝을 쌩하게 한 술맛까지 더했다. 여태껏 알아 왔던 단맛에서 껑충 뛰어 짜릿한 맛으로의 터닝 포인트였다.

쓴맛을 알면 어른이 되는 거라 했던가. 단맛 뒤에 감춰진 쌉쌀한 맛의 의미를 알게 되었기 때문인지 사춘기 이

후 내게 주어진 시간은 더 이상 단맛만은 아니었다. 내가 원했던 것들은 붙잡을 틈도 없이 모래알처럼 손가락 사이로 빠져나갔다. 사람들과의 관계에선 늘 뒤처지는 것만 같아 씁쓸했던 시절이었다. 그렇지만 그런 씁쌀한 쓴맛을 알게 되면서 나는 조금씩 철이 들어갔다.

세상살이가 어디 단맛과 쓴맛뿐이겠는가. 짠맛 신맛 매운맛 떫은맛까지 얼마나 많을까마는 삶이 고단해지거나 알 수 없이 우울해질 때마다 나는 달콤한 맛을 찾아 헤맨다. 단맛을 찾아 어슬렁거리는 하이에나가 되곤 한다. 아마도 유년기에 충족되지 않은 엄마에 대한 갈증과 어른이 되어서도 이루지 못한 꿈에 대한 갈망이 아직도 나를 단맛에 집착하게 하는 것인지도 모를 일이다.

당신을 환영합니다

이팝나무 꽃잎이 흐드러지고 카네이션 붉은색이 감사의 마음을 깊게 하는 계절. 일 년 중 가장 아름다운 때입니다. 이럴 때는 엉덩이가 들썩거려 집에 있기가 힘이 듭니다. 그러면 생수 한 병 챙겨들고 집 근처로 마실을 나갑니다.

아까시나무 꽃향기가 코끝에 매달리네요. 배고플 때 훑어 먹던 어린 시절이 떠오릅니다. 자, 이제 저와 함께 우리 동네 구경 나서 보실까요. 서울 은평구 뉴타운 근처에 북한산 둘레 길의 한 지류인 마실 길이 있습니다. 입구에 들어서면 보호수로 지정된 느티나무가 늠름한 모습으로 오는 이들에게 그늘을 내어줍니다. 오랜만에 만난 친구들과 수다 떨기 딱 좋은 곳이지요. 그도 아니라면 그 멋진 느티나무 아래서 요즘 젊은이들에게 인기 있는 '멍~' 한 시간을 보낸다면 무겁던 마음이 솜털같이 가볍게 흩날리지요.

 엉덩이도 따라 가벼워져 은행나무로 이어진 길로 접어듭니다. 마치 사관생도들의 사열을 받으며 걷는 것 같아 어깨가 절로 으쓱해집니다. 간간히 놓인 나무 의자에는 책 읽는 사람, 아이들과 도시락을 먹는 사람, 혹은 누워서 잠을 청하는 사람들 모두 편안하고 여유로워 보입니다. 지금은 여린 잎이 반기지만 단풍 든 가을이면 멀리 남이섬까지 가지 않고도 우아한 은행잎의 잔치가 근사한 풍경을 선사하는 길이기도 합니다. 친구나 연인과 어깨를 나란히 걸을 수 있다면 더욱 좋겠지요?

 은행나무 사열을 뒤로하고 만나는 길은 요즘 핫플레이스로 주목받는 은평 한옥마을입니다. 흐르는 곡선이 예스럽고 부드러운 한옥들. 넓은 처마와 포개지듯 겹친 기와지붕의 선과 북한산바위가 어우러져 첩첩산중의 아름다움을 연출합니다. 한옥 안쪽은 내부구조를 그대로 살린 채로 전시공간을 마련했습니다. 마을 초입에 천상병, 중광, 이외수 이들 셋의 작품세계를 모아둔 '셋이서문학관'이 있습니다. 한옥 고유의 멋이 흐르는 서가에 책이 가지런하고 정갈하게 꽂혀 있습니다. 문지방 넘어 들어오는 빛살을 받으며 책을 꺼내 읽는 맛이 그만입니다. 문학관 옆에 '금암미술관'이 붙어있습니다. 문학관과 미술관은 우리의 심미적 감각을 풍요롭게 하는 가교 역할도 해주고 있습니다. 오래된 옛 마을의 정취를 느끼고 싶다면 바쁜 일상 쪼개어 전주까지 가지 않고도 즐길 수 있는 명소기에 '강추'합니다.

'셋이서문학관' 맞은편으로 펼쳐지는 숲에는 수령이 126~260년 정도의 느티나무 네 그루가 인자한 할아버지처럼 방문객을 반겨줍니다. 상념이 가득하고 마음이 어지러울 때 이 오래된 느티나무 아래에 서면 누구나 편안해지는 마음의 고요를 찾을 수 있습니다.

'느티나무숲'을 지나 습지 위로 난 데크를 따라 걸으면 나뭇잎 사이로 반짝이는 햇살 속에 서게 됩니다. 이곳은 북방산 개구리를 비롯해 도롱뇽 그리고 요즘 보기 힘들다는 맹꽁이가 서식하고 있어 서울시가 '진관야생동물보호구역'으로 지정하여 관리하고 있습니다. 풀밭 위에 지어진 곤충호텔을 보면 저절로 미소가 지어집니다. 오래된 숲과 그 속에서 숨 쉬는 작은 생명들을 품은 습지, 한옥이 한데 어울려 연주하는 숲의 오케스트라가 들립니다.

'느티나무숲'의 교향곡을 들으며 진관사 쪽으로 발길을 돌립니다. '마음의정원' 길을 따라 걷다 보면 진관사 입구인 '해탈 문'이 반깁니다. '종교를 넘어'라는 사색의 장미터널을 통과하고, 극락교를 건너 조금 올라가면 진관사를 만납니다.

진관사는 도심 속에 있지만 북한산에 둘러싸여 복작이는 일상에서 벗어나 가볍게 숨 돌릴 수 있는 공간입니다. 특히나 독립운동가였던 백초월 스님이 간직하고 있던 태극기가 발견되어 우리의 항일 역사를 한번쯤 되짚어 생각하는 계기가 되기도 합니다. 잊지 말아야 할 과거를 기억한다는 것은 꼭 필요한 일이겠지요.

진관사 경내를 둘러보고 눈을 돌리면 마치 강원도의 어느 계곡에 와 있는 것은 아닌가 착각할 정도입니다. 시원한 물소리와 커다란 나무들이 반기는 것을 볼 수 있습니다. 서울에서 말이죠.

이제 슬슬 다리도 아프고 출출하신가요. 그럼 진관사 내의 전통 찻집 '연지원'에 들릅니다. 코끝 알싸하게 퍼지는 전통차 향에 취하고 따끈한 단팥죽이 할머니의 품을 생각나게 하는 초가지붕을 얹은 찻집. 반겨 줄 사람이 버선발로 나와 손 잡아줄 듯 가슴 가득 그리움을 품게 하는 집입니다. 찻잔을 앞에 놓고 앉아 있으면 따사로운 햇살이 내려앉아 뺨을 간질입니다. 노자의 무위자연이 있다면 이곳일 거라 생각됩니다.

어디론가 떠나고 싶을 만큼 헛헛한 날이 있는지요. 강원도의 산속과 남이섬의 낭만, 전주 한옥마을만큼 예스러운 정취를 품은 은평구 한옥마을을 함께 걸어보시지요.

사계절 언제나 당신을 환영합니다.

베란다에서

식구들이 나간 뒤의 텅 빈집. 커피잔을 들고 베란다로 나간다. 햇살이 따사롭다. 나른한 몸과 마음에 부드러운 바람이 스친다. 골목이 흥청거린다. 확성기에서 들리는 소리에 고개를 쭉 빼고 내려다본다.

"제주갈치 한 박스에 만 원~."

갈치 트럭은 숨이 넘어갈 듯 다급하게 소리를 지른다.

"안 쓰는 가전제품 삽니다."

중고품 산다는 봉고차는 세상 바쁠 것 없다는 듯 휴대폰 번호를 또박또박 불러 주며 지나간다. 바로 옆 중학교에서는 체육시간인지 학생들의 함성이 우렁차다. 얼마 전까지만 해도 저들과 같은 하루로 쳇바퀴를 돌렸는데. 느슨한 아침이 새삼스럽다. 벅찬 해방감에 크게 기지개를 켠다.

밥벌이에 지쳐갈 때쯤 몸도 여기저기 삐꺽거리기 시작했다. 그것을 계기로 가게를 그만두었다. 아침에 서둘러 일터에 나가지 않아도 된다는 것이, 늦잠을 자도 된다는 것이, 이렇게 기쁠 줄이야!

일주일 정도 아무 생각 없이 정말 행복했다. 그러나 시간이 지날수록 슬슬 불안해졌다. 갑자기 끈 떨어진 연처럼 맥이 풀렸다. 쉴 줄도 모르는 건지, 놀 줄도 모르는 건지, 바보가 된 것 같았다. 뭔가 해야한다는 조바심에 괜히 집 안을 서성거렸다.

십여 년 전 처음 이 집을 보고 한눈에 매료되었다. 탁 트인 앞 베란다와 넓은 창으로 쏟아져 들어오는 포근한 햇살. 멀리 보이는 남산타워. 고개를 옆으로 돌리면 북한산 다섯 봉우리가 우뚝 서 있어 나를 지켜주는 것만 같았다. 눈 아래로는 골목과 집들이, 멀리로는 아파트와 상가들이 한눈에 펼쳐졌다.

야경은 더 아름다웠다. 무수한 불빛은 하늘에서 내려온

별인 듯싶었다. 여기저기 우리네 삶의 이야기가 반짝이는 것 같았다. 낮 동안 고단했던 일들을 위로받는 기분이었다.

밤이 깊어지면서 불빛도 조금씩 사그라졌다. 제일 늦게까지 남아있는 빛은 십자가. 딱히 종교가 없어도 홀로 빛나는 십자가를 보면서 하루를 무사히 보낸 것에 감사했다. 그런 모든 것들이 맘에 들고 편안하게 느낀 집이 없었다.

그러나 이사한 뒤 가게 일에 휘둘리다보니 집을 꾸미지도, 멋진 전망을 즐기지도 못했다. 제대로 손보지 못한 집은 구질구질했다. 마치 가꾸지 않고 살았던 나를 보는 것 같았다. 우선 집부터 정리하고 구멍 숭숭 뚫린 내 가슴은 차차 수리할 생각이었다.

먼저 장롱 이부자리들을 정리했다. 특히 시집올 때 엄마가 해준 혼수이불은 쓰지도 않으면서 짐만 되었다. 엄마의 정성이 배어있는 것이라 쉽게 버릴 수도 없었다. 솜을 틀어 새롭게 만들기로 했다. 솜틀집 주인이 이불을 이리저리 뒤척거리며 말했다.

"이렇게 좋은 목화솜은 지금은 구하기도 힘들어요."

요즘 사람들은 무엇이 귀한지 잘 모르는 것 같다며 혀를 찼다.

대청소를 시작했다. 손이 가는 곳마다 묵은 때를 벗겨내니 말끔해졌다. 덕분에 묵직했던 마음의 때도 벗겨낸 듯 개운했다. 여유를 찾은 장롱 속도 상쾌해 보였다. 새로 만든 이불은 엄마의 손길만큼이나 포근했다. 남편이 다시 찾은 신혼을 즐기자며 신소리를 했다.

부엌 싱크대에는 쓰지도 않는 그릇이 왜 그리 많고, 구석구석 먼지는 왜 그리 쌓여 있는지. 거기에 버리지 않고 쑤셔 박이놓은 깃도 한 짐이 넘었다. 한나절을 빼내고 쓸고 닦았다. 일은 끝날 기미가 보이지 않았다. 내 안에 쓸데없는 것들은 얼마나 많을지. 평생 걸려도 끝내지 못할 것 같은 내 안의 청소를 생각하니 아득하기만 했다.

워라벨이라고 했던가. 그게 어디 생각대로 되는가 말이다. 먹고사는 일에만 매달려도 될까 말까 하는 생존경쟁 속에서 일과 삶의 밸런스를 맞춰서 천천히 즐기며 산다는 것은 도 닦는 것만큼이나 어려운 일이었다. 그런데 이제야 깨닫는다. 그렇게 살아야 한다는 것을. 인생은 하나로 평가되지 않는다는 것을. 일직선상의 삶이 아닌, 반경을 확대해가는 삶이어야 한다는 것을.

집 안의 공간이 넓어지는 것과 비례하듯 내 마음에도 공간이 생기기 시작했다. 그렇게 마음속의 짐을 내려놓자 조급증도 사라졌다.

문과 창문을 뚫고 방을 만들되 그 가운데가 비어있기 때문에 우리가 방을 쓸 수 있다. 그러므로 유有가 이용되는 까닭은 무가 작용하기 때문인 것이다.

노자의 말이 무슨 뜻인지 어렴풋하게나마 이해되었다.
나는 오늘도 식구들이 나간 텅 빈 집에서 무위無爲의 아침을 즐긴다. 내 안을 비우는 중이다. 아무것도 하지 않는 속에서 내 영혼의 가장 귀한 시간을 보낸다.

꽃씨 한 알

 아파트 뒷산에 오른다. 작년 가을부터 생긴 일상이다. 운동하고는 거리가 멀었는데 산에 오르는 것으로 일과를 시작한 것은 내 일생에 아주 잘한 일중 하나다.

처음 산에 오를 때는 조금만 올라도 숨이 차고 나리가 아팠다. 소파와 한몸이 되어 한시도 떨어지지 않던 나는 잠깐의 이별에도 그 따뜻하고 포근한 품이 간절하여 몇 번이나 되돌아가려 했다. 그렇지만 이를 꽉 물고 참았다. 처음에는 고개 하나만 오르고 돌아섰다. 좀 더 몸이 익숙해지자 첫 고개를 찍고서는 내려가는 길을 애써 뒤로하고 다시 올라 또 따른 고개에 도달했다. 그러더니 어느새 아무런 갈등 없이 세 번째 고개도 성큼 지나 산 정상까지 오

르게 되었다.

 정상에 올라도 숨 고르기가 일정해지고, 주변에 있는 운동기구를 사용할 정도가 되었다. 산 경치를 음미할 마음의 여유도 생겼다. 산을 찾은 지 두달 여 만이었다. 몸을 풀고 심호흡하면서 눈을 들어 바라 본 그날의 풍경! 구름 한 점 없는 쨍한 하늘에 아무것도 걸치지 않은 겨울나무들. 앙상하지만 하늘과 견주어 당당히 서 있던 그 강인함에 퍼뜩 정신이 들었다.

 작년에 다니던 직장 1년을 채우지 못하고 그만두었다. 사람과 함께한다는 것이 나이 들어도 여전히 서툴다. 마음도 상하고, 무엇보다 몸이 아파서 나오고 말았다. 그런데 시간이 갈수록 몸과 마음이 더 힘들어졌다. 왠지 초라한 마음에 자꾸만 쪼그라지는 느낌을 떨쳐낼 수가 없었다. 추스르지 못하는 마음 때문인지 자주 몸살을 앓았다.

 겨우내 산에 오르면서 나는 왜 저 겨울나무같이 우뚝 서지 못하고 추위에 떨고 있는가? 질문에 매달렸다. 그 문제를 풀지도 못했는데 산에는 어느새 눈에 보이지 않는 봄기운이 감돌았다. 강직한 겨울나무들은 포르스름한 아우라를 부드럽게 내뿜고 있었다. 산 정상에서 나른한 봄볕을 쬐며 눈을 감고 있노라면 숲 전체가 사부작대는 소리가 들리는 듯했다.

발에 밟히는 낙엽에도 축축함이 느껴지고 나뭇가지에도 윤기가 돌더니, 드디어 어느 날 움이 트고, 노란 꽃망울이 맺혔다. 산수유와 생강나무를 구별하는 법도 배웠다. 뒤꼍 산에 진달래가 아름답게 핀다는 사실도 알았다. 그것도 모르고 여태껏 멀리까지 유명한 산들을 찾아다녔으니 옆에 있는 파랑새를 두고 산 넘고 물 건너 헤매고 다닌 꼴이었다

산은 더욱 분주해졌다. 철쭉꽃이 피고, 산벚꽃이 흐드러지고, 산목련이 피어나고…. 헐벗은 검은 가지에서 저토록 아름다운 꽃들이 필 것이라고 상상조차 하지 못했다. 아무것도 매달지 않고 빈 가지만 벌리고 서 있는 겨울 나목들이 그렇게 위풍당당했던 이유를 이제야 알 것 같다.

가슴속에 꽃씨를 품고 있기 때문이리라. 한때 화려하던 시절 지나고 제 분신 다 떨어낸 세월의 상처 자리에 사리

같은 꽃씨를 배고 있었던 거다. 집착과 욕망, 사랑과 미움, 세월과 운명마저도 다 내려놓게 되고 늙어가는 나를 한탄한 것이 어리석고, 세속적인 가치에 집착한 자신이 부끄럽고, 옹졸하게 분개한 것도 무안해지는 것이다. 그래서 겨울 나목 앞에 서면 저절로 내 상처를 어루만지게 되는 것이다. 생채기를 다 드러낸 채 혹독한 겨울바람을 맞서는 그 의연함에 고개가 절로 숙여지는 것이다.

따스한 봄 햇살에 제각기 아름다운 꽃씨들이 매일 새로운 꽃으로 피어났다. 세상이 이렇게 아름다운지를 새삼 느끼는 봄이었다. 어느덧 봄꽃들이 진 자리에는 옅은 초록이 진초록으로 하루가 다르게 짙어갔다. 우거진 나무 사이를 자유로이 날아다니는 새들은 마냥 즐겁고, 무리지어 핀 꽃들은 은은한 향기를 뿜어냈다. 나는 잠시나마 세상살이 다 내려놓고 홀가분한 자유에 흠뻑 취했다. 살아있음을 확인하는 짜릿한 전율을 느끼기도 했다. 자연이 사람을 치유한다더니, 상처받았던 마음도 초라하던 열패감도 다 날아가고 달짝지근한 기쁨이 내 속에 차올랐다.

내 안에 꽃씨 한 알 품고 있었나 보다. 바람을 타고 왔을까. 따스한 입김으로 왔을까. 내 속의 꽃씨는 어떤 꽃일까. 산에 오르며 오늘도 내 꽃씨를 생각한다.

한눈팔기

 지난가을 파주 DMZ 캠프 그리브스로에서 열리는 '이호철 통일로 문학상' 시상식을 보러 갔다. 은평구청 앞에서 출발한 버스는 북쪽으로 한 시간쯤을 달려 시상식장에 도착했다.

버스에서 내리는데 누군가 말하는 소리가 들렸다.

"여기가 태양의 후예 촬영지였대."

그 말에 귀가 번쩍 뜨였다. TV에서 방영한 드라마였는데 나 역시 그때 남녀 주인공에 푹 빠져 있었다. 나는 연회장을 뒤로하고 〈태양의 후예〉 촬영지부터 갔다. 주인공 송중기 송혜교 브로마이드 앞에서 사진을 찍었다. 둘이 나란히 앉아 담소하는 사진 옆에 걸터앉아 보기도 하고 그들이 타고 다니던 지프차 옆에 기대어 보기도 했다. 옆에 마련된 막사와 의료진들이 쓰던 천막을 들락이며 신이 났다.

정신없이 촬영장 여기저기를 구경하는데 빨리 들어오라고 손짓을 했다.

'맞다, 나 시상식을 보러 왔지.'

안에 들어서니 식을 시작하고 있었다.

식장 안에 앉아 수상작가의 약력들을 보고 있지만 마음은 아까의 촬영장에서 돌아오지 않고 있었다.

나는 항상 그랬다. 무엇을 할 때 갈 길을 잃고 갑자기 나타난 샛길로 빠지는 일이 많았다.

초등학교 5학년 때였다. 성동구에서 개최하는 백일장에 학년 대표로 나가게 되었다. 뚝섬유원지에서 열렸는데 각 초등학교의 대표들이 글솜씨를 뽐내는 자리였다. 부모님들과 온 아이들은 잔디밭에 앉아 열심히 글을 쓰기 시작했고, 홀로 온 나는 원고지를 받았지만 글을 썼던 기억은 없다.

나는 그때 유원지에 있던 놀이동산에 이미 마음을 빼앗

겼다. 특히 회전그네가 타고 싶었다. 함께 오지 못한 엄마가 점심 사 먹으라고 준 돈이 주머니에 있었다. 나는 한 치의 망설임 없이 그네에 올랐다. 처음에는 천천히 돌다가 점점 높아지면서 빨리 돌아갔다. 어지러웠지만 뺨을 스치는 바람이 시원했다. 돌풍에 실려 오즈의 나라로 날아간 도로시. 나는 그대로 멋진 성과 왕자가 있는 동화의 나라로 날아가고 싶었다.

나의 바람과 달리 그네는 멈춰 섰다. 나는 비틀거리며 다시 세상으로 돌아왔다. 돌아온 그곳에는 아이들이 부모님과 모여 앉아 맛있게 김밥을 먹는 정겨운 모습이 보였다. 엄마와 같이 오지 못한 나는 주눅이 들었다. 초라한 내 등장이 그들의 행복을 깨뜨릴 것만 같아 안절부절못하고 얼쩡거리는데 같이 온 친구 예숙이가 뛰어왔다.

"여기 있었네. 승희야, 같이 점심 먹자."

못 이기는 척 따라갔지만 내키지는 않았다. 예숙이네는 집안의 경사처럼 할머니 동생들까지 온 식구가 다 왔다. 기억나지 않지만 많은 음식이 있었다. 예숙이 엄마는 내 앞으로 먹을 것을 이것저것 놓아주셨다. 나는 먹고 싶지 않았다. 예숙이 엄마의 관심도 불편했다.

 나는 빨리 그 자리를 벗어나서 회전그네가 또 타고 싶었다. 주머니에는 돈이 남아있었다. 예숙이 엄마에게 아직 글을 쓰지 못했다고 말하고 그 자리를 피했다. 그리고 다시 회전그네에 올랐다.

 '빙빙 돌아라. 빙빙 돌아라. 나를 멀리멀리 보내 다오'

 그날 나는 작품을 내지 않았고, 지금까지 내 기억 속 뚝섬유원지에는 회전그네만이 돌고 있다. 가끔 생활에 지치거나 마음이 울적할 때 기억 속 회전그네에 앉아 오즈의 마법사 나라로 날아가는 나를 만난다. 만약에 그때 글을 잘 써서 상을 받았다면 어떻게 됐을까? 지금과 달라져 있을까.

 박수 소리에 다시 문학상 시상식장으로 돌아왔다. 또 샛길로 빠졌네! 문득 내 인생은 샛길로만 빠진 삶이 아니었을까 하는 생각에 피식 웃음이 나왔다.

 아마도 나는 정면 돌파하는 목적형 인간은 아닌 모양이다. 목표는 확실한 편이지만 늘 다른 곳을 들렀다 가다 보니 시간도 더 들고, 힘도 더 들고, 사실 결과도 덜 만족스럽다. 그걸 잘 알면서도 나는 샛길로의 유혹을 참지 못한다. 가만히 생각해 보면 샛길이 아기자기하고 재미있다. 어쩌면 훨씬 감동적이고 훨씬 행복했다는 생각도 든다.

　세상 사는 일이 하도 힘에 겨워
　거꾸로 매달려 세상을 본다
　밤새 다진 거꾸로 매달린 마음
　제 무게 못 이겨 툭툭 떨어진다

　어둠 속 굳은 맹세
　밝음 속 녹아내려
　얼었다 녹았다 조화로운 한평생

데스밸리 단테스 뷰

 친구 초청으로 미국에 왔다. 3주 동안 머물면서 미 서부 관광지는 얼추 다녀왔다. 친구 남편이 여행 소감을 물으면서 미국에 오면 어디가 제일 가고 싶었냐고 했다. 나는 '데스밸리'라고 했다. 그는 매우 의외라는 표정이었다.

"왜, 하필 그곳을?"

스물한 살 때쯤이었다. 딱히 할 일이 없었던 어느 휴일 〈깊고 푸른 밤〉이라는 영화를 보았다. 제목이 맘에 들어 택한 영화였다.

화면에는 풀 한 포기 없는 흙산이 불규칙적으로 있는 삭막한 풍경. 뜨거운 태양열은 화면을 뚫고 나올 기세였다. 그 광활한 곳에 멀리 한 점 같았던 승용차가 빠르게 달리면서 점점 내 앞으로 오고 있었다.

얼핏 차창으로 남녀가 보였다. 질주하던 차가 갑자기 깊은 골짜기에 섰다. 남자는 내리지 않겠다고 버티는 여자를 끌어내렸다. 그리고 태양 볕만이 이글대는 모래언덕에 여자를 패대기쳤다. 울며 애원하는 여자를 매몰차게 밀어낸 남자는 차를 몰고 사라졌다. 여자는 땡볕 아래 쓰러졌다.

나는 그때 그 여자가 나 같다고 느꼈다. 아무런 희망도 없이 가족과 떨어져 부산에 혼자 있던 현실은 타버릴 것만 같은 태양 아래 던져진 그녀와 다를 게 없었다.

삶에 대한 열망과 말랑한 감성을 가져야 할 아름다운 시절이었다. 젊음은 터질 듯 팽팽하게 부풀었지만 나의 현실은 빛이 보이지 않았다. 초라하고 각박했다. 방황이 길어질 것만 같은 두려움이 영화 속의 장면들과 포개졌다. 그 때문이었는지 건조하고 태양의 열기만 가득한 영화 배경이 마음을 움직였다.

데스밸리. 해외여행이 꿈같던 시절 나는 그곳에 가고 싶은 열망 하나를 가슴에 담았다. 어떻게 가야 할지 누구를 만날지 만나면 어떻게 해야 하는지 아무것도 모르던 그때. 무슨 이유인지 딱히 설명할 순 없지만 강한 힘으로 끌어당겼다. 데스밸리에 꼭 한번 가보고 싶었다.

출근했던 친구 남편이 바로 집으로 왔다. 일정이 취소되어 시간이 났다며 빨리 데스밸리에 다녀오자고 재촉했다. 그는 부지런히 떠나면 하루 코스라 했고, 친구는 어림없는 소리라 했다. 눈치를 보며 나는 이것저것 필요한 것들을 캐리어에 담았다.

영화를 본 이후 34년 만에 그곳에 가려고 짐을 꾸리고 있었다. 우리는 각자 다른 기분으로 출발했다. 그렇게 준비 없이 즉흥적으로 떠나는 게 싫었던 친구, 내 여행을 완성시켜줘야 제대로 손님 대접을 하는 것 같다는 친구 남편, 눈치 없이 오랫동안 바랐던 일이 이루어져 마냥 좋기만 했던 나.

처음엔 높은 돌산과 낭떠러지 같은 도로, 크고 광활한 것이 신기했으나 나무 하나 없는, 생명을 품어내지 못하는 땅에 곧 흥미를 잃었다. 길은 끝도 없이 똑같은 풍경이었다. 마치 지루한 일상의 반복처럼.

설상가상 길을 잘못 들어 산을 돌고 돌다 보니 날이 저물었다. 하늘에 별빛만 가득한 깜깜한 길. 지나가는 차조차 없는 길을 따라 우리만 산속으로 깊숙이 들어가고 있었다. 무섭기도 하고, 한편 흥분되기도 하고. 산골의 작은 레스토랑에서 스프와 샌드위치로 요기를 하고 하룻밤을 묵었다.

날 밝기가 무섭게 우리는 출발했다. 아직 잠에서 깨지 않은 끝도 없는 길 위에 파노라마처럼 펼쳐지는 황폐한 풍광이 마음을 달뜨게 했다. 한참을 달려 공원 안내소에 도착했다. 잠깐 쉬고 다시 데스밸리 깊은 곳으로 차를 몰았다. 이른 시각인데다가 겨울철이라서 태양은 뜨겁지 않았다. 풀 한 포기 나무 한 그루 없는 황량한 자연. 천지창조 때의 세상이 그랬을까 싶었다.

벅찬 감동과 함께 밀려드는 경외감. 왜 그토록 그곳에 가고 싶어 했는지를 알 수 있을 것만 같았다. 나는 카이사르처럼 외쳤다.

"왔노라, 보았노라, 드디어 여기에!"

거칠고 험한 길을 걷다 보면 가끔 생각지도 못한 어떤

일들을 상상하게 된다. 아마도 나는 스물한 살에 특별한 삶을 꿈꾸었던가 보았다. 그러나 별다른 능력이 없었던지 남들처럼 결혼을 하고 새로운 가족을 만들며 그저 충실히 살았다.

사 남매의 맏딸. 육 남매의 맏아들인 남편. 그런 번잡스런 식구들의 뒷바라지가 유독 싫었던 나. 그럼에도 마다하지 않고 누구보다 헌신적으로 지낸 세월이었다.

그런데 어느 날 문득 보니 너무 일을 많이 해 손금이 없어진 사람처럼 내가 닳아 없어지고 있었다. 그건 원한 삶이 아니었다. 작은애가 고등학교 졸업하던 해, 나는 선언했다. 그동안 가족이 우선이었지만 앞으로 나를 일순위로 놓겠다고.

사실 가족보다 나를 먼저 챙기면 가정이 덜그럭거릴 줄 알았는데 식구들이 생각보다 협조적이었다. 더구나 일상을 벗어나 혼자서 한 달 동안 미국여행까지 할 수 있었다.

데스밸리의 제일 높은 곳 단테스 뷰에 올랐다. 넓게 펼쳐진 대지. 거침없이 불어오는 바람을 온몸으로 맞았다. 묵은 체증이 내려가듯 가슴이 시원해지고 평온해졌다. 그

광활한 대지 앞에서 두려워하지 않고 진정한 나만의 색깔, 나를 찾아보려 집중했다.

살아온 날도 살아갈 날도 순례길 같은 것일까. 감히 나의 인생길이 순례의 길이었다고 말하고 싶다. 아무도 갈 수 없는, 가지 못하는 나만의 인생 순례길 2부를 그곳에서 마무리했다.

부모 밑에서의 철없던 인생 1부, 결혼해서 새로운 가족을 만들어 이끌어갔던 인생 2부 그리고. 데스밸리의 정상에서 또다시 인생 3부의 꿈을 그려보았다.

늦지 않았다고, 그동안이 나를 잊은 채 열심히 산 순례의 길이였다면 이제 진정 나로서 거듭날 순례의 길이 시작되는 것이라고.

간절곶에서 하룻밤

눈 깜짝할 사이에 일어난 일이었다. 화장실에서 휴대폰을 보다가 변기 물통 뚜껑 위에 올려놓고 몸을 추스르고 있었다. 짝, 소리가 났다. 휴대폰이 지구 중력에 못 이겨 타일 바닥으로 추락했다.

'일시 정지'

큰일 났다. 얼른 휴대폰을 집어 들었다. 보고 있던 화면이 그대로 켜져 있었다.

'휴 다행이다.'

화면을 끄려고 손을 댔다. 순간 '지이직' 하며 총천연색의 금이 보이더니 깜깜해졌다. 정규방송이 끝나고 애국가가 이어진 후 노이즈 현상이 일어나는 화면 같았다. 뭔가 잘못됐구나. 덜컥했다.

 다시 켜 보았다. 빛 하나 없는 깜깜한 휴대폰은 다시 살아나지 않았다. 아무리 눌러도 소용없었다. 심호흡하고 10초 이상 꾸욱 눌러도 보았지만 한번 눈을 감은 휴대폰은 숨이 돌아오지 않았다. 대답 없는 휴대폰을 자꾸 눌러 보면서 내 마음도 까맣게 타들어 갔다. 밖은 어느새 어둠이 내려 사방을 덮고 있었다. 여기는 울산 간절곶. 나는 서울을 떠나 낯선 펜션에 와 있다.

 회사를 그만두고 갑자기 생긴 시간은 마음을 여유롭게 했다. 몇 달간은 집 안 정리도 하고, 소원했던 친구들과 만나서 수다도 떨고, 할 일 없이 시장 곳곳을 어슬렁거리기도 하면서 그동안 못했던 일을 하느라 바쁘게 지냈다. 그런 시간이 지나자 도로 마음이 허전해졌다. 다시 무언가 해야겠다는 생각이 들었다.

 새해가 되자, 멈추지 않는 시간은 내가 태어난 육십갑자의 해가 다시 돌아왔다고 알려줬다. 왔던 길을 돌아보니 그저 주어진 대로 앞만 보며 지내왔다. 자기 연민 가득한 후회가 밀려왔다. 삶의 고비마다 그때와 다른 선택을 했더라면 지금 나아졌을까?

 혼자 떠나보고 싶었다. 여행하기를 결심하고 마땅한 곳을 검색했다. 낯선 곳들의 풍경 사진을 보며 마음이 설렜다. 이곳저곳을 넘나드는데 확 내 눈을 잡아끄는 곳이 있었다. 우리나라에서 제일 먼저 해가 떠오른다는 간절곶. 망설이지도 않고 그곳으로 정했다. 이름조차 간절하게 내 마음을 알아줄 것만 같았다. 내 삶의 여정을 정리하는 터닝포인트였다. 그곳에 가서 가장 먼저 떠오르는 해를 보며 다시 한 살로 돌아가 보리라. 이제까지 나와는 다른 나로 태어나 보리라. 앞으로는 진정한 자유의지를 가진 시간을 누려보고 싶었다. 짐을 싸며 살짝 두려운 마음도 들었다. 나 혼자서 잘할 수 있을까. 나는 용감하게 길을 나섰다.

 그렇게 하룻밤을 묵는 숙소에서 생긴 참사. 이건 내가 계획한 일이 아니었다. 갑자기 멍한 정지 상태가 왔다. 그동안 모든 일이 휴대폰을 중심으로 돌아간 듯 나는 아무 생각도 할 수 없었다. 정신을 추스르고 보니 우선 집에 연락해야 할 것 같았다. 펜션 사무실로 내려가 사정 얘기를 하고 사장님 휴대폰을 빌려 폴더를 열었다. 번호를 누르려는데 머리가 하얘졌다. 남편의 번호도 딸들 번호도 도무지 떠오르지 않았다. 그동안 저장된 단축번호로만 사용했기에 식구들 번호를 눌러본 기억이 까마득했다. 손에 있는 휴대폰은 그동안 내 덕에 살았지, 하고 놀리는 것만 같았다. 설마 그 여러 개나 되는 전화번호를 하나도 기억하지 못하다니 예기치 못한 일이었다. 당황하니 숫자들은 더욱 머릿속을 휘젓고 다녔다. 휴대폰을 켠 채, 황망히 사장님 얼굴 한 번 보고, 전화기 한 번 쳐다보고…. 상황을 짐작한 사장님이 빙그레 웃었다. 천천히 생각하고 편안히 통화하라며 자리를 비켜 주었다.

'이럴 수가…. 난감하네! 난감하네!'

심심찮게 들어본 이야기였지만 내게 이런 일이 생길 거라곤 한 번도 생각해본 적이 없었다. 다시 마음을 가다듬고 침착하게 전화기 키패드를 뚫어지라 쳐다보았다. 기억 밑바닥을 훑어 남편 전화번호를 기억하려 애를 썼다. 끝 번호는 나와 같으니 가운데 번호만 생각하면 되는데 도통 숫자가 떠오르지 않았다. 3285도 해보고 4935도 해보고

5721도 눈으로 눌러보았다. 몇 번의 눈팅 끝에 손의 기억을 믿어보기로 했다. 심호흡하고 조심스레 손가락을 눌렀다. 이게 웬일일까. 익숙한 벨 소리가 들렸다. 내 기억보다 몸이 먼저 기억하고 있었다.

"여보세요?"

남편의 목소리였다. 순간 욱하고 가슴에서 뜨거운 무엇이 올라왔다. 남편 목소리가 다시는 못 만날 그리운 연인을 만난 듯 반가웠다.

"여보세요, 여보세요."

모르는 번호로 걸려온 전화를 받으며 남편은 누구냐고 대답하길 채근했다.

"나예요."

"응? 당신이야? 잘 도착했어? 그런데 누구 전화야?"

나는 떨리는 목소리로 휴대폰이 그 지경이 되었다고 횡설수설했다. 울먹울먹 울음이 목울대를 타고 올라오는 것을 간신히 참았다. 어쩌다 그랬냐며 혀를 끌끌 차는 남편의 핀잔 어린 잔소리가 차오르던 울음을 말려버렸다. 조금 전 다정하던 목소리는 어느새 통보로 바뀌었다. 내일

갈 때까지 연락이 안 되니 그런 줄 알고 걱정하지 말라 말하고 전화를 끊었다.

방으로 올라와 허탈한 심정으로 침대에 걸터앉았다. 영화 〈캐스트 어웨이〉에서 비행기 사고로 무인도에 표류한 톰 행크스의 표정이 떠올랐다. 그도 이런 심정이었을까. 내 의지와 상관없이 익숙한 세계와 단절되고 아는 사람들과의 연락이 끊긴 채 파도에 떠밀려 혼자 내팽개쳐진 것만 같았다.

한참을 그렇게 앉아 있었다. 낮게 가라앉은 방 안의 공기가 느껴지면서 조금씩 생각이 명료해졌다. 휴대폰 안에 저장된 것들이 하나씩 떠올랐다. 전화번호와 주소는 말할 것도 없고, 사적인 메모들, 필요할 것 같아 내려받아 놓은 문서들, 좋아하는 시며 음악이며 수많은 사진…. 그 모든 게 아쉬웠다. 당장 내일 해 뜨는 장면을 촬영할 사진기조차 없는 현실이 기막혔다.

그뿐만이 아니었다. 각종 은행 거래 공인인증서며 아이디 비밀번호 모두 그 안에 있는데. 생각이 여기에 미치자 불에 덴 것처럼 벌떡 몸을 일으켰다. 어떡하지. 기억나는 게 하나도 없는데…. 아, 어쩌란 말이냐. 걱정이 나를 집어삼키는 것 같았다. 유심이 있어 살릴 수 있다는 것은 그때는 알지 못했으니까.

모든 것이 후회스러웠다. 해를 보러 온다고 혼자 호기롭게 나서는 안 하던 짓을 할 때부터 잘못되었던 걸까. 화장실에 휴대폰을 왜 갖고 들어갔으며, 조심하지 않고 왜 그 사달을 낸 것인지. 소인국의 걸리버처럼 꽁꽁 묶여 아무것도 할 수 없게 된 상황에 한숨이 저절로 나왔다.

시간이 약이라 했던가. 걱정으로 시간을 보내고 넋 놓고 시간을 보내고…. 그러다 보니 조금씩 안정되었다. 이대로 끌탕만 하고 있으면 안 되겠다 싶었다. 가만히 생각을 정리했다. 최고의 편리함이라고 여기던 휴대폰은 나의 일거수일투족을 얽어매고 있었다. 휴대폰으로부터 해방된 지금. 그동안 그토록 바랐던 오롯이 혼자인 시간이 지금 아닌가. 완벽한 시간이었다. 생각이 여기에 미치자 그동안 요동치던 불안함이 서서히 가시고 눈앞이 깜깜하던 안개가 걷어졌다.

그래, 이참에 다 지워 버리고 리셋하는 거야. 주변을 정리하는 거야. 해야지, 해야지 하면서 못했던 것들을 이참에 하는 거야. 불편했던 관계, 버리지 못하고 매달렸던 욕망, 어쩌지 못해 얽매이던 것들에서 이제 벗어날 때야. 잘된 거야. 내일 떠오르는 해를 맞이하며 새롭게 태어나는 거야. 가족이나 다른 사람에게 휘둘리며 두리뭉술 좋은 게 좋은 거야 하면서 맹하게 살았던 태도를 바꿔야겠어. 내가 하고픈 일을 하며 명징하게 살아가는 거야. 삶의 태도를 전환하겠다고 생각을 바꾸니 후련해졌다. 하얀 이불에 몸을 푹 묻고 누웠다. 편안해지면서 어느새 잠이 왔다.

 눈을 떴다. 부리나케 일어나 커튼을 젖혔다. 안개비가 내리고 있었다. 알람이 없으니 해 뜨는 정확한 시간에 일어날 수 없었다. 내 몸이 눈 뜨는 시간조차 속박받고 있었던 거였다. 처음으로 뜨는 해를 보며 새로운 시간을 계획하리라던 계획은 참사로 끝났지만 나는 그 아침이 그렇게 편안할 수가 없었다.

 아침밥도, 서두르던 출근도, 하루를 어떻게 살아야 하는지에 대한 고민도 없이 깨어나 자유로워진 마음이 밀려왔다. 창밖 마른 목련나무 가지에 내리는 안개비를 바라보고 있었다. 시간을 잊은 사람처럼. 안개비에 가려서 보이지 않는 해는 벌써 중천에 뜬 시간이었다.

오이지

올여름도 어김없이 폭염으로 이글거린다. 숨이 턱턱 막히는 더위에도 밥은 먹어야 움직이지 않겠는가. 점심을 먹으려고 오이지 하나를 꺼낸다. 푹 절은 배추처럼 더위로 축처져 입맛을 잃은 내게는 꼬들꼬들한 오이지만큼 맛난 찬이 없다.

동글동글 썰어 탕기에 시원한 물을 붓고 그대로 담궈 먹어도 좋지만, 물에 담갔다가 소금 물기를 꽉 짠 뒤 파, 마늘을 송송 썰어 넣고 고춧가루 조금 뿌리고 참기름 한 방울 똑 떨어뜨려 무쳐 먹으면 더 입맛이 돈다.

매년 여름 오이 반접을 사들여 오이지를 담근다. 방법은 아주 간단하다. 오이를 깨끗이 씻어 햇빛에 말린 장독에 넣는다. 소금물을 펄펄 끓여 뜨거운 채로 오이에 붓고 위로 뜨지 않도록 김칫돌로 눌러 주면 끝이다.

끓는 소금물을 온몸으로 삼킨 오이는 파릇한 젊은 시절을 순식간에 내주고 쪼글쪼글한 할머니가 된다. 며칠이 지나면 소금물 주변으로 하얀 골마지가 낀다. 오이를 씻을 때 상처 난 자리에 소금물이 스며들며 생기는 현상이라 한다. 순식간에 늙은 것도 억울한데 상처에 소금물까지 부었으니…. 너무 빨리 늙어버린 할머니의 한이 하얗게 피어난 건지도 모르겠다. 쉽지 않은 며느리의 삶을 살았던 우리네 엄마의 엄마들이 피어 올린 골마지가 오이지의 짠맛을 더 숙성시킨 것은 아니었을까?

일주일쯤 지나서 한 개를 꺼내어 쭉쭉 찢어 물을 부은 다음 식초 한 방울을 떨어뜨리고 다진 파를 띄운다. 찬물에 밥 한 공기를 말아 오도독거리는 식감을 음미한다. 그 짭조름한 맛에 더위에 집 나간 내 입맛은 바로 제자리로 돌아온다.

맛도 대물림되나 보다. 젊은이들 입에 잘 맞지 않을 음식인데 우리 딸들은 여름이면 오이지를 찾는다. 편식 하지 않게 하려는 엄마의 불타는 열망은 오이지를 어떻게든 먹게끔 꼬드겼다. 내가 '오도독 먹자'며 '오도독 오도독' 소리를 내면 아이들은 재미있어 하며 식탁으로 모였다. 양념한 오이지를 수저 위에 얹어주면 '오도독 오도독' 소리를 내며 맛있게 먹었다. 그 덕분인지 밥 안 먹는다고 투정을 하다가도 '오도독 무쳐놨는데' 하고 말꼬리를 흐리면 '어~그래, 한 번 먹어 볼까?' 하며 엄마를 위해 선심이라도 쓰듯 밥 한 공기를 후딱 비운다.

오이지는 잊고 있던 옛 추억도 불러온다. 중학교 때 내 짝꿍은 얼굴이 뽀얗고 귀티가 났다. 반듯한 이마 밑으로 적당한 숱에 반달형 눈썹, 한쪽 눈만 쌍꺼풀이 있는 눈, 부드러운 콧날에 이어진 작고 귀여운 입술 하며 동그란 얼굴로 귀엽고 예쁜 애였다. 점심시간이면 우리는 친구들과 빙 둘러앉아 도시락을 먹었다. 매미가 극성을 부리던 어느 여름날 모두가 도시락 뚜껑을 열었는데 그 애의 반찬에 오이지가 길쭉하게 서너 쪽 놓여 있는 것이었다.

"너도 오이지 좋아해?"

놀라는 나를 보고 '응'이라 대답하며 눈웃음치던 그 아이. 평상시 그 애 도시락에는 장조림이나 소시지 계란말이가 예쁘게 놓여 있었다. 오이지 반찬은 정말 의외였다. 나와는 다른 세상에 사는 아이일 거라고 생각했는데 오이지를 보고는 동질감 같은 것을 느꼈다. 이후로 그 아이와 나는 더욱 쫀득한 우정을 쌓았다.

그 아이가 결혼해서 미국에 이민 가던 날도 오이지 못 먹어 어떡하지 하며 너스레를 떨며 애써 이별의 슬픔을 뭉갰다. 매년 오이지를 담그며 한 번씩 친구를 꺼내 보지만 그 아이나 나나 사는 일에 묻혀 서로를 잊어갔다.

요즘은 먹을 것이 지천이다. 사시사철 채소든 과일이든 뭐든 먹을 수 있을 뿐 아니라 맛있는 먹을거리가 넘쳐난다. 그럼에도 내 여름 입맛은 엄마가 재래식 방법으로 담근 오이지에 손이 간다. 더위에 지쳐 의욕마저 잃고 퀭한 눈을 하고 있다가도 찬물에 밥을 말아 손으로 쭉쭉 찢은 오이지 한 입 베어 물면 짜증 나던 더위가 금방 사라진다. 지쳐 늘어진 몸속 세포들도 오도독 오이지 한 입에 거짓말처럼 쫀쫀하게 수축돼 여름 한더위를 너끈히 견뎌낸다.

올여름에도 옛 방식대로 오이지를 담갔다. 밥을 물에 말아 한 술 입에 넣고 쪼글쪼글 절여진 오이지를 쭉 찢어 오도독 씹으면서 지나온 여름날들을 되돌아본다.

엄마는 멋을 부리기 위해서 스카프를 한 것이 아니었다. 엄마는 자신의 남루한 삶을 감추기 위한 소품으로 화려한 스카프 한 장이 필요했던 것이다. 어쩌면 엄마는 가난에서 오는 슬픔도 아픔도 외로움까지도 모두 한 장의 스카프로 가리려고 했는지도 모른다.

3. 펼치다

조용한 알람

순수한 맹목

지금, 화양연화

그날의 춘천

연신내 보름달은

천국과 지옥 사이

별이 빛나던 밤에

플랜테이션 카페

춤추는 하모니카

엄마의 스카프

깻잎 조림

조용한 알람

해가 갈수록 몸이 예전 같지 않다는 생각이 든다. 하지만 혹시 무슨 병이라도 나오면 어쩌나 하는 염려에 선뜻 병원에 가지 못했다. 특히 요즘에 피로가 풀리지 않고 쌓이는 것이 느껴졌다. 아이들 성화도 있고 해서 건강검진을 받았다.

예상대로 검진 후 받은 결과지에는 정상이란 말보다 주의, 경계, 재검사 요망이란 단어가 훨씬 많았다. 당 수치는 정상범위를 살짝 넘어 주의가 필요했고, 고지혈증은 경계에 있어 우려되는 상황이었으며, 혈압은 당장 치료가 필요하다며 혈압약을 먹어야 한다는 처방이 내려졌다.

헛웃음이 나왔다. 절대로 만나고 싶지 않았던 사람과

맞닥뜨린 기분이었다. 혈압약을 먹으면 평생 먹어야 한다는데. 혈압은 낮출 수 있겠지만 그에 따르는 부작용이 많다는데. 무엇보다도 약을 먹어야 한다는 사실이 믿기지 않았다. 나는 건강하고 나름 잘 관리하면서 산다고 자부했는데 심한 착각이었나 보다. 어쨌든 약 먹는 것을 조금이라도 미뤄보고 싶었다.

"약 말고 다른 방법은 없나요?"

의사가 최종적으로 식이요법, 운동, 체중조절을 하라고 했다. 두어 달 관리한 후 다시 검사해 보자고 했다.

병원을 나서는데 커다란 돌멩이 하나가 가슴에 얹혔다. 수십 년을 아낌없이 써버린 몸이 '이젠 저도 힘들어요. 저 좀 돌봐주세요' 외치고 있었다. 그동안 모른 척 외면만 하였는데 더는 그냥 둘 수 없었다.

얼마 전 미국에 사는 친구가 쓰러져 병원에 실려 갔다는 연락이 왔다. 당 쇼크로 심정지가 와서 응급실에 갔다. 온갖 검사 후 혈관을 넓히는 스탠스 시술을 받고 퇴원했다. 탄수화물 양을 줄이라는 의사의 특별한 처방이 내려졌다.

"난 밥 안 먹고 살 수가 없는데…."

평소 밥 애착이 강한 친구가 울먹였다. 미국 이민 30년 차인 그녀는 매끼 한식을 먹었다. 한국에 사는 나보다 더 많이 김치를 담그었고 나물 반찬을 해서 먹었다. 그녀에게 밥은 그냥 밥이 아니고 엄마요 고향이며 친구였을 텐데. 그렇게 좋아하는 밥 속에 들어있는 탄수화물이 당 수치를 높이는 주범이며 자신의 몸에 가장 치명적이었다니. 그 일을 계기로 삶과 죽음이 백지장 차이인 걸 깨달았다고 했다.

건강이 얼마나 중요한지 몸소 체험한 그녀는 식이요법과 운동요법을 병행하며 지내고 있다. 늦었지만 시작한 마라톤에 재미를 붙여 하프마라톤을 뛰어 완주했다. 내친 김에 마라톤에도 도전 42.195km를 완주하는 쾌거도 올렸다. 더불어 건강이 많이 회복되었다는 반가운 소식도 전해왔다.

나도 이젠 무엇이든지 미루거나 물러설 나이가 아니다. 여기저기서 보내는 신호를 무시하면 안 될 것 같다는 절박감이 들었다. 낡은 집이야 부수고 다시 지으면 되지만,

평생 건사해야 할 몸을 헐었다고 부술 수는 없는 노릇이었다.

　낡은 수도관에서 녹물이 나오듯 몸속에서는 기름때에 엉긴 피가 흐르고 있었다. 낡은 기계가 삐거덕거리듯 내 몸도 마디마디 헐떡거리고 있었다. 낡은 벽지에 얼룩이 있듯 여기저기 멍울이 생기기 시작했다. 한때는 놀이동산의 풍선처럼 팽팽하고 가벼웠는데 지금은 쭈글쭈글 주름이 잡히고 무거워져 더는 날아오를 수 없게 되고 말았다. 낡은 것, 헌 것, 고물 같은 암울한 단어들이 떠올랐다.

　그렇다 해도 나는 나인데 버릴 수 없는 노릇이었다. 헐고 새로 지을 수 없으니 수리하고 단장해야 했다. 탱탱했던 피부가 늘어지는 것은 내가 가족에게 내어준 사랑의 흔적이었다. 뒤꿈치가 갈라지고 손가락에 생긴 굳은살은 내가 열심히 일했다는 기록이었다. 배 둘레의 푹신한 살들은 맛있는 음식을 먹고 행복한 기억을 저장해둔 것들이었다. 오랜 시간 관리 한번 해주지 않으면서 계속 써먹었기만 했다. 그래도 불평 없이 일하고 견뎌준 몸이었다.

　평생을 함께해야 하는, 세상에 하나뿐인 내 몸. 시간이

조용한 알람　143

지나면서 몸은 돌보지 않은 것에 대해 조용히 알람을 울리고 있다. 이제 내가 할 일은 혈당을 조절하고 혈압을 낮추며 체중을 줄여서 지금의 몸 상태나마 유지하는 것이다.

  우선 생활 태도를 고쳐보기로 했다. 쭈그리고 앉아 쉼 없이 간식거리를 오물거리며 TV를 보거나 소파에 등을 붙이고 뒹굴뒹굴하는 습관을 떨쳐버리고 밖으로 나가자. 처음 하는 것처럼 기지개를 켜고, 밝은 햇볕을 온몸으로 받아보자. 한 번도 관리해준 적 없는 몸이지만 이제는 소중히 끌어 안아보자. 낡았다고, 기능이 제대로 작동되지 않는다고 팽개쳐 버리기엔 그동안 몸이 나에게 준 무한한 봉사에 대한 보답이 아니었다.

  유산소운동이 좋다고 해서 자주 걷는다. 승강기 대신 계단을 이용한다. 우리 집은 18층이어서 오르려면 숨이 차고 땀이 흐르고 힘이 들어 죽을 것 같다. 그렇지만 집에 와 샤워하고 나면 몸이 가벼워지는 느낌이 상쾌하다. 또 나의 최대 적인 기름진 음식을 삼가고 채소를 많이 먹고 있다. 먹는 양도 조금씩 줄이고 있다. 갑자기 입맛을 바꾸는 일은 쉽지 않았다. 혼자 하려면 힘이 들었을 일을 남편이 함께 해주며 응원을 아끼지 않는다.

오늘도 소파에 누이고 싶은 몸을 채근해서 집 근처 불광천변을 걷고 있다. 다음 진료 때 모든 검사에서 '정상' 판정을 받으려면 오늘의 걸음이 꼭 필요한 거니까. 드높고 맑은 하늘이 환장하게 눈부시다.

순수한 맹목

 요즘 귀에 이상이 생겼다. 갑자기 주변이 조용해지곤 한다. 분명 복잡한 거리에 서 있었는데도 그랬다. 귓속이 윙윙거리는 것도 같다가 아무 소리도 들리지 않았다. 귀를 꼭 눌렀다 다시 놔도 마찬가지였다. 결국 귀에 문제가 생겼구나 싶었다. 젊어서 귀를 혹사한 결과인지도 몰랐다.

대학 때 아르바이트로 KBS 라디오 모니터를 했다. 결혼하고 둘째가 서너 살 될 때까지 그 일을 했으니까 십 년도 넘게 한 셈이다. 하루 세 시간. 프로그램을 배정받았고 그 시간을 녹음하는 것은 필수였다. 방송사고 없이 제대로 진행되었나? 멘트 실수는 없었나? 방송 중 부적절한 언어를 사용하진 않았나? 세세히 체크했다. 다음 날

아침 담당자가 전화를 하면, 전날 모니터링한 것을 보고했다. 가끔은 프로그램 구성에 대한 의견을 내기도 했고 코너에 대한 아이디어도 제안했다. 한 달에 한 번씩 방송국에 가서 간담회도 가졌다.

급한 일이 있거나 부득이하게 외출할 경우 녹음할 수 있는 소형라디오에 이어폰을 꽂고 다녔다. 시간을 오후 3시에서 6시로 배정받은 해에는 여러 가지 불편함이 따랐다. 학교 다닐 때는 수업에 지장을 받았고 결혼하기 전엔 친구를 만나거나 데이트할 때 방해가 되었다. 그러나 그런 사소한 불편함 때문에 시쳇말로 꿀알바를 그만둘 수는 없었다. 그러다 보니 소형라디오에 이어폰은 외출할 때마다 필수품이었다. 지금은 이어폰 꽂은 모습이 자연스럽지만, 당시에는 이어폰을 꽂고 다니는 사람이 드물었기에 수상한 사람으로 오해받기도 했다.

같은 아파트에 사는 분이 하루는 조심스레 물었다.

"무슨 일 하우? 안보위 같은 데서 일해? 간첩들 난수표 같은 거 읽는 거야?"

동네 아주머니들이 뭐하는 사람인지 궁금해한다는 것

이었다. 갑자기 내가 어마어마한 일을 하는 사람같이 느껴져 그분과 함께 한참을 웃은 적도 있었다.

  오랜만에 라디오를 틀어본다. 많은 일이 떠올라 입가에 웃음이 번진다. 기억되는 일이 참 많다. 그 중 가장 잊히지 않는 일이 있다. 같이 일하던 모니터 한 분이 내 나이 서른이 되기 전에 시집을 보내야 한다며 자기 남편 친구를 소개해 주었다. 그날도 그녀는 우리를 자기 신혼집에 초대했다. 샘나서 얼른 결혼하라는 뜻이었을 게다. 그때는 오후 12시부터 3시까지 라디오 모니터링하는 시간이었다. 그날따라 소형녹음기가 고장 났다. 약속이 2시여서 엄마에게 녹음을 부탁했다. 나는 소형라디오를 들으면서 외출했다.

  그 집에 도착했는데 그날따라 이상하게 집으로 전화가 하고 싶어졌다. 전화를 하니 엄마가 방송국에서 여러 번 전화가 왔다고 빨리 연락해 보라고 했다. 의아했지만 전화를 할 수밖에 없었다.

  "무슨 일이지요?"

  "탈주범 뉴스 몇 시에 나갔어? 뭐라고 나갔어? 빨리 멘트 따서 보내!"

"네? 탈주범요?"

그러고 보니 방송 중 얼핏 탈주범 소리를 들은 것 같기도 하고 어딘가로 도주 중이라고 한 것도 같고. 난감했다. 녹음테이프는 집에 있고 노처녀 들뜬 마음에 방송도 제대로 듣지 않았으니. 게다가 주변엔 잘 보여야 할 사람들이고. 방법이 없었다. 사실대로 말하는 수밖에. 자초지종을 얘기하고 지금 보고할 수 없다고 했다. 한참을 야단하고 끌탕하시더니 알았다고, 당신이 해결하겠다며 재밌게 놀라고 하셨다.

방으로 들어가니 모두 걱정스런 표정으로 내 눈치를 살폈다. 창피해서 집으로 가고 싶은 마음뿐이었지만 잘 해결됐다고 밥 먹자고 분위기를 바꿨다. 밥을 먹는 둥 마는 둥 집으로 왔다.

다음 날 방송사에 갔다. 아무 말이 없었다. 곽 차장님이 메인 녹음실에 가서 직접 녹음을 따서 보고한 덕분에 잘 넘어갔다. 그 일로 두고두고 노처녀 결혼에 일등공신이라고 엄청 오랫동안 생색을 냈다.

큰딸은 어려서부터 트로트를 좋아했다. 아마 그 애를 가졌을 때 듣던 트로트 방송이 자연스레 태교로 이어진 모양이다. 작은딸 가졌을 때는 시사토론 시간을 맡았는데 그래서 그런지 우리 집에서 그 애의 별명은 궤변가다.

결혼하고 나서는 기독교방송 모니터도 했으니까 꽤 오랜 시간 이어폰을 꽂고 살았다. 그래서 모니터 요원들은 한결같이 걱정하곤 했다.

"우리 늙으면 제일 먼저 귀가 고장 날 거야."

나의 우려가 결국 현실이 되었구나 싶었다. 덜컥 겁이 나서 다음 날 병원을 찾았다. 큰병이라는 선고받을 각오로 심호흡을 했다. 의사가 귀를 열심히 들여다보더니 피식 웃었다. 순간 몹시 불쾌했다. 진찰을 끝낸 의사가 나를 가만히 쳐다보았다.

"아하, 귀지가 많아서 안 들린 겁니다. 귀 청소를 싹 했으니 걱정하실 것 없어요. 제 말 잘 들리시죠? 하하하."

기가 막혔다. 귀지를 안 파서 안 들렸다니. 얼굴이 화끈거렸다.

사실 귀지를 자주 파면 나쁘다는 소리를 듣고 파지 않

은 지가 언제인지 생각나지 않았다. 병원을 나서며 웃음이 터졌다. 귀지가 틀어막혀 들리지 않았다니!

　집으로 가는 차 속에서 모니터 시절 좋아했던 라디오 방송은 뭐였나? 곰곰이 생각해 보니 딱히 생각나는 것이 없었다. 그도 그럴 것이 내 취향과 상관없는 프로를 맡아 듣기도 했지만 분석하며 들으려니 전체를 음미하며 즐길 틈이 없었다. 사춘기 시절 이불 속에서 몰래 듣던 '밤을 잊은 그대에게'니 '별이 빛나는 밤'이니 하는 전혀 다른 라디오 프로만 떠올랐다.

　그러고 보니 요즘 내 글 읽기가 그렇다. 글을 쓰기 시작하면서부터는 남의 글을 분석하려 들기 때문에 순수한 문학 감상에 빠지기가 쉽지 않은 것이다. 때론 있는 그대로 다 받아들이는 그 순수한 맹목이 그립기도 하다.

지금, 화양연화

  쫓기듯 종종거리던 생활도 나이와 함께 뒤로 물러앉았다. 갱년기의 우울함을 떨쳐내니 헛헛한 상실감이 찾아왔다. 멍하니 앉아 무료한 시간을 보내다가 우연히 어르신들에게 한글을 가르치는 봉사가 있다는 걸 알았다.

드디어 문해文解 교사가 되었다. 교육을 받고, 수업 시연까지 마친 후 자격증을 받았다. 중학교 때부터 장래희망란에 쓰던 교사. 육십이 되어 이루었으니 어쨌든 꿈을 이룬 셈이다.

설레는 마음으로 시작한 노인복지관 한글교실. 봉사라는 어쭙잖은 이름이지만 내가 가진 것을 누군가와 나누는 것이 즐거웠다. 시간이 지날수록 내 재능을 나눠준다기보다 받는다는 느낌이 더 많았다. 어르신들의 입담과 행동에 감동하며 오히려 내가 배워가는 기쁨을 얻었다.

어르신들은 평생을 읽을 줄도 쓸 줄도 모른다는 사실을 감추며 살았다. 눈치껏 대처하거나 지혜를 발휘했다. 자식들을 잘 키워 짝 찾아 독립시켰으니 이제 여생을 편하게 보내도 되었다. 하지만 배우지 못한 허기는 평생 한이 되었고 한글교실 문을 두드렸다.

자식 손주들 몰래 한글교실에 다니신다. 진짜 친한 분들과는 복지관에 같이 오지 않는다. 또 집 근처 한글교실로 가지 않고 될수록 먼 곳으로 수업을 들으러 가신다. 배우는 것은 창피한 것이 아니니 자랑스럽게 당당해지라고 아무리 말씀드려도 소용없다.

수업 시간만큼은 하나같이 범생이들이다. 지나온 세월을 살아낸 고단함보다 더 힘들다는 한글공부. 머릿속에 들어오지 않는 기역, 니은, 디귿을 외우고 또 외운다. 굽어진 관절을 달래가며 연필을 꼭 잡고 한 글자 한 글자 꼭꼭 눌러 쓴다. 생각만큼 진도가 나가지 않아 속이 상하면 연필을 던지기도 하신다. 이 나이에 뭔 고생이야 하다가도 다시 연필을 꽉 잡는다.

"이게 내 이름이구나. 내 이름을 이렇게 쓰는 거구나!"

눈물까지 흘리는 어르신들. 짝꿍이 말도 없이 지우개를 가져다 썼다고 삐지고, 친구가 받아쓰기를 자꾸 훔쳐본다고 귀엣말로 이른다. 모르는 글자가 나오면 선생님과 눈을 마주치지 않으려고 눈을 내리깔고 딴청을 부린다. 보청기를 안 끼고 와서 들리지 않는다고 둘러대거나 안경이 없어 침침해 보이지 않는다고 핑계 댈 때는 영락없는 1학년 학생들 모습이다.

교실에서는 나이에 상관없이 '정자야, 순심아' 이름을 부르기로 했다. 처음엔 어색해서 서로 쭈뼛거렸다. 우리 반 분위기 메이커인 한 어르신이 큰 소리로 말했다.

"난 김윤덕이야. 너네 이름이 뭐니?"

까르르, 깔깔깔 웃는 소리가 천장을 뚫고 메아리쳤다. 짝꿍 이름을 부르고 친한 사람 이름을 부르느라 교실이 들썩였다. 심지어 친한 두 분이 그동안 '남대문 친구', '아랫집 사는 이'로 통하고 있었다.

"거기 이름이 순심이구나."

"집이 이름이 정자였어?"

어릴 적 부모님과 형제간이 불러주던 이름을 들으며 그 시절로 돌아갔다. 공부 시간에는 입 꾹 다물고 조용하다가 쉬는 시간만 되면 삼삼오오 모여 무슨 할 말이 그렇게 많은지 시간 가는 줄 모른다. 한글교실에서 만나는 날은 언제나 꽃 피는 봄날이다.

일 년에 한 번 한글교실 어르신들과 '한평생 좋은 날'이라는 축제를 한다. 이 축제를 위하여 복지관에서는 시화전 준비를 한다. 익숙하지 않은 다른 수업을 할라치면 안 한다, 못 한다 손사래를 치고 볼멘소리를 하신다.

"글도 모르는데 시는 무슨 시고?"

"그림은 뭐하러 그려? 글이나 배우지."

그렇지만 막상 수업이 시작되면 누구보다도 진지하게 임하는 할머니 학생들이다.

칠팔십 세가 되도록 자신의 이름 석 자도 쓸 줄 모르고, 글을 몰라 노심초사 마음 졸이며 평생을 살아온 분들의 사연이 절절하다.

금숙 씨는 고운 눈매에 서글서글한 웃음을 짓는 학생이

다. 처녀 적에 학벌 좋고 잘난 남자들의 중매가 꽤 들어왔다고 한다. 달갑지 않았단다. 자기가 글을 모르는 걸 알면 무시할까 봐 모두 거절하고 그중에서 제일 조건이 나쁜 지금의 남편과 결혼했단다.

막순 씨는 평생을 살얼음 딛듯 살았다. 글 모르는 것을 남편에게 들키기 싫었다. 남편은 알면서 모르는 척했는지 정말로 몰랐는지 알 수 없지만 한 번도 무시하지 않았다. 하늘나라에 있는 남편이 그리우면 맞춤법 틀리는 글이지만 일기를 썼다. 그걸 본 딸이 울면서 울 엄마가 최고라고 했단다. 역시 공부하길 잘했다며 얼굴을 붉힌다.

윤옥 씨는 특히나 후회가 많다. 딸이라는 이유로 혹은 집안 형편이 어려워서 학교에 다니지 못한 다른 분들과 다르다. 윤옥 씨 어머니는 어린 딸을 다그쳐 학교에 보냈다. 딸이 시집가서 엄마에게 편지라도 쓸 정도로 글 깨우치기를 바랐다. 학교에 들어가니 나이 많은 언니들이 쪼그만 게 왜 왔냐며 때리고 꼬집어서 다니기 싫었다. 학교에 가지 않은 동네 애들과 노는 게 더 좋았다. 아침에 집을 나서자마자 책보는 굴뚝 뒤에 숨겨놓고 동네 아이들과

실컷 놀다가 해가 지면 집에 가곤 했다. 엄마가 살아계실 때 딸에게 편지 한 번 받아보는 것이 소원이었는데 못해 드린 것이 한이 되어 지금도 가슴을 치고 후회한다. 뇌졸중으로 굽어진 손으로 부치지 못할 편지라도 한 글자 한 글자 정성껏 쓴다.

동네 사람들이 알까 봐 자식들이 알까 봐 부끄러워하며 지낸 날들. 어르신들은 지금 한글교실에서 그 한을 풀어내고 있다. 일본 식민지, 6·25전쟁을 겪어낸 역사의 산증인들의 사연은 끝이 없다.

그래서일까? 한글교실 어르신들 눈치는 백 단을 넘어 천 단쯤 된다. 말로 설명하면 이해력 또한 천 단 이상이어서 모르는 것 없이 척척 대답한다. 다만 책을 읽고 대답하라 하면 모두 조각상이 되고 만다. 그 낯섦이 익숙함이 되도록 반복학습한다. 요즘 나도 낯설기만 하던 키오스크에 점점 익숙해지듯이 우리 반 학생들도 책과 친해지도록 함께 노력하고 있다.

올해는 한 어르신이 구에서 실시하는 시화전에 출품하여 대상을 받는 쾌거를 이루었다. 입상한 어르신들도 많다. 평생 피우지 못했던 꿈의 꽃을 지금 활짝 피우고 있다. 귀여운 내 제자님들! 덕분에 내 꿈은 빛을 발하고, 기쁨이 치솟고, 날마다 팡파르 터지는 행복을 누린다.

한글교실 수업 있는 날은 내 발걸음이 경쾌하다. 콩나물 같은 음표가 마구마구 달라붙는 듯 신난다. 나는 일주일에 한 번씩 만년소녀들에게 배움의 기쁨을 드리러 간다. 아니 배우는 기쁨을 얻으러 간다.

"어르신들의 화양연화~ 나의 화양연화~"

인생에서 찬란히 꽃 피는 시절, 지금이 딱 좋다!

그날의 춘천

 겨울이 깊어질 즈음 오랜만에 길을 나섰다. 딸들이 춘천 의암호에 만들어 놓은 스카이워크에 가고 싶어 해서 그곳을 둘러보기로 했다. 북한강을 끼고 달리는 차 안은 가벼운 흥분으로 들썩였다. 온 가족이 함께한 때가 언제였던가. 딸들이 직장에 다닌 후로 모처럼 만에 나선 여행이었다. 평일이어서 길도 막히지 않았고, 설레는 마음에 기분이 한껏 부풀었다.

물 위를 가로지르는 다리는 한산하고 을씨년스러웠다. 사람이 없어도 너무 없었다. 나쁜 예감은 언제나 틀리지 않는 것인지, 강바람을 맞으며 입구에 이르니 커다란 게시판이 우릴 맞았다. 문은 닫혀 있었다.

동절기 출입을 금함
2019. 12. 1~ 2020. 2. 23
미끄럼의 위험으로 임시 폐문함

  떠난다는 설렘으로 흥분한 우리는 미처 이런 일을 생각하지 못했다. 그저 헛헛한 웃음만 허공에 날렸다.
  추위도 피할 겸 밥을 먹기로 했다. 춘천에 왔으니 닭갈비와 막국수를 먹기로 했다. 맛집을 검색해 점심을 맛있게 먹었다. 그것만으로도 콧바람 쏘이기엔 충분하다며 딸들은 즐거워했다. 이왕 나선 길, 다음 여정을 찾아봤다. 이번에는 내가 딸들을 이끌었다. 풋풋한 시절에 갔던 공지천에 있는 카페에서 차를 마시기로 했다. 에티오피아 참전기념비 근처에 있는 카페 이디오피아. 여전히 예전 모습으로 우리를 맞았다. 문을 열고 들어가니 한산했다.
  이디오피아, 내 젊은 날의 숨결이 느껴지는 곳. 그때 앉았던 자리를 찾았다. 오래전 테이블과 한지로 만든 전등갓이 아직도 40여 년 전 그대로 나를 기다리고 있던 것 같았다. 반가움에 울컥하는 가슴을 애써 눌렀다. 고등학교를 졸업하던 해, 친구들과 경춘선을 타고 이곳에 와서 처음으로 커피를 마시며 어른이 된 기분에 취했다. 결핍과 욕망이 혼돈처럼 뒤섞여 마음 붙일 곳 없어 헤맬 때, 이디오피아에 들어서면 마음이 편안해지곤 했다. 오리배가 유유히 떠다니고 뭔지 모를 여유가 느껴지던 창가에 앉아 커피를 마시곤 했다. 쓴맛을 참고 마시며 어른을 흉내 내던 그때. 나는 어서 어른이 되고 싶었다.

넓은 창 너머로 보이는 공지천에 눈이 갔다. 퇴계가 용왕에게 받아온 공지어가 산다는 그곳을 얼마나 좋아했는지 남편과 연애할 때도 왔다. 하필 휴일이라 카페에는 자리가 없어 들어가지도 못했다. 발걸음이 떨어지지 않아 천변 둘레를 산책하며 처음으로 많은 이야기를 나눴다. 그날 우리는 결혼하기로 약속했다. 남편은 맛이 기가 막힌 공지어 대신 나를 낚았던 걸까. 그날 걸었던 길과 그 시절을 얘기할 때 남편이 슬며시 내 손을 잡았다. 그때의 감정이 되살아나 잠시 추억에 젖었다. 엄마 아빠의 연애사를 듣는 것이 쑥스러운지 딸들은 휴대폰 들여다보기에 열심이었다. 뜨겁게 내 온 커피를 한 모금 천천히 마셨다. 그 옛날 마시던 맛이 그대로 살아났다.

짧은 겨울 해가 아직도 남아있었다. 집으로 가기엔 뭔가 아쉬웠다. 딸이 검색하다가 환호했다.

"레일바이크 탈까? 가까운 거리에 있는데?"

옛 경춘선 철길을 이용하여 만들어서 꼭 들러보고 싶었다. 레일바이크 탑승장 입구에는 책을 커다란 담처럼 세워놓아 도서관에 풍덩 빠지는 것 같았다. 근처에 있는 마차에도 올라 보고, 투호놀이도 하고, 사진도 몇 장 찍고 있으니 레일바이크에 탑승하라는 방송이 나왔다.

네 명이 앉아 페달을 돌리자 바이크가 천천히 움직였다. 기차를 타고 세월처럼 휙휙 지나던 길을 레일바이크를 타고 느리게 가면서 나는 또 옛 생각에 젖었다. 북한강은 여전히 그때처럼 저녁 해를 향해 흐르고, 뒤로 지나가는 산의 풍경 또한 변함이 없었다. 같이 쏘다니던 친구들은 어디론가 다 떠나고, 나 홀로 이 옛길을 가고 있었다. 그 시절 친구들이 그리워졌다. 모두 어디서 무엇을 하며 살고 있을까.

예나 지금이나 사람 사는 세상은 거기서 거기인 것을. 나는 오랫동안 잊고 있던 풍경과 추억들이 주는 시공의

맞물림에 마음을 빼앗겼다. 경춘선이 없어진다는 소식을 들었을 때, 한창이었던 젊은 한 시절이 사라지는 아픔을 느꼈던 나에게 레일바이크의 길은 새로웠다. 내 젊음의 한 도막이 부활한 듯 다가왔다.

여덟 개의 발이 한마음으로 페달을 밟았다. 점점 속도가 붙기 시작했다. 보기엔 평지 같은데 내리막 구간과 오르막 구간이 번갈아 있었다. 내리막에서는 힘들이지 않고도 바람을 가르며 내려왔지만, 오르막에서는 다리가 뻐근하게 힘주고 굴러야 했다. 황량한 들판에서 불어오는 거침없는 겨울바람이 뺨을 스칠 때는 고개를 돌리고 싶었지만, 추운 줄도 모르고 우리 넷은 힘차게 페달을 밟았다. 동굴을 지날 때마다 무지갯빛 조명이 너울대거나 사이키 조명이 우리 얼굴을 비추며 반짝거렸다.

우리 식구가 걸어온 길도 그러했으리라. 힘겨운 오르막을 지나면 구슬땀을 닦으며 기뻐하다가도 내리막으로 치닫는 두려움에 떨기도 하고, 어느 순간은 반짝거리는 조명처럼 밝은 시절이 있었다. 동굴 어딘가에 설치한 비디오카메라가 찍은 우리 사진이 휴게소에 있었다. 사진 속에는 환한 웃음이 가득 들어있었다.

　마지막 강촌역까지는 기차로 이동했다. 기차를 기다리는 동안 철로도 걸어 보고 기찻길을 끼고 흐르는 냇물을 보며 추운 것도 잊고 함께 깔깔 웃었다.

　빨간 기차가 들어섰다. 지붕이 없는 열차에 올라 북한강변의 바람을 맞으며 옛 강촌역에 도착했다. 변하지 않은 옛 강촌역의 모습에 반갑기도 했지만 젊음의 생기가 져버린 나를 보는 것 같아 씁쓸하기도 했다.

　그날 우리는 계획대로 이룬 것이 없었다. 그래도 좋았다. 때로는 우연의 연속이거나 뜻밖의 만남이 있는 여정이 더 의미가 있기도 하다. 어쩌면 계획대로 되지 않은 여행이라 더 기억에 남는 것이겠지. 그날이 그랬다.

　게다가 덤으로 추억까지 건져 올렸으니 다시 20대로 돌아가는 시간여행을 한 기분이었다. 20대 시절 커피를 마시던 곳에서 20대를 지나는 딸들과 함께여서 더 특별한 날이기도 했다.

　서서히 어둠에 젖어드는 춘천.

　특별한 연고나 인연의 흔적도 없는 곳이지만, 언제나

고향 같고 꿈이 머물러 있는 장소인 것은, 철들고 온전히 엄마를 독차지할 수 있었던 밤이 있었기 때문이지 싶다. 생크림 같은 물안개가 올라오던 의암호반에 얼음 깨지는 소리가 쩡쩡 울리던 그해 겨울. 입학시험 보러 왔던 길. 엄마와 함께 처음 기차를 타고 낯선 곳에서 둘이서만 밤을 지새웠던 여행 같았던 그날 밤. 그 밤을 다시 마주하고 있었다. 그래서인지 춘천은 내게 언제나 진행형이다.

연신내 보름달은

 남편의 이른 퇴직은 전업주부인 나를 세상 밖으로 끌어냈다. 월급만 받던 사람이 할 수 있는 가장 손쉬운 일인, 작은 치킨집을 해 보려고 우리 부부는 서울 곳곳을 알아보며 다녔다. 마침 고모부가 신촌에서 가게를 하고 있어 함께 여러 곳을 알아봐 주었다. 신촌에 있는 가게들은 우리가 생각한 예산으로 하기에는 턱없이 부족했다. 서울 변두리 상권을 알아보기 시작했다.

쓸쓸한 11월 잔뜩 찌푸린 어느 날이었다. 부동산에서 가게 하나를 소개했다. 아무 연고도 없고 같은 서울 하늘 아래지만 낯선 곳인 연신내역에서 내렸다. 역 밖으로 나오니 초겨울비가 추적추적 내렸다. 황금 상권인 신촌에서 눈 호강하다 초라한 연신내 상가를 돌아보니 내 신세가 이쯤인가 싶어 어깨가 축 처졌다. 날까지 을씨년스럽게 쌀쌀해 가슴이 더욱 오그라들었다.

 길 건너 우리가 봐야 할 가게가 있는 먹자골목에는 하나둘 불이 들어오고 있었다. 부동산에서 일러 준 대로 먹자골목으로 들어가 큰길에서 왼쪽 첫 번째 골목으로 들어섰다. 양쪽으로 가게들이 보석점 진열장처럼 불을 밝히고 손님들을 부르고 있었다. 골목 양옆으로 회전초밥집 곱창집 치킨집 노래방 술집들이 늘어서 있었다. 반짝이는 불빛들은 우리에게 속삭이는 것 같았다. 꿈을 꾸어 보라고, 여기서 대박 한번 나 보라고, 유혹하듯 현란하게 반짝거렸다.

 골목 끝에서 두 번째 가게가 우리가 보려는 집이었다. 보통 튀김 닭집이 아닌 바비큐 치킨집이었다. 가게 앞에는 바비큐를 돌리는 기계가 있었고 꼬챙이에 꼬인 닭들이 빙글빙글 돌아가며 익고 있었다. 선뜻 들어가지 못하고 망설이고 왔다 갔다 하는데 가게 문이 열렸다. 두꺼운 장갑을 낀 젊은 여자가 뜨거운 기계 문을 열고 꼬챙이에 꽂

연신내 보름달은

힌 것 중에서 노릇노릇 잘 익은 닭을 쑥 빼서 들어가려다 힐끗 우리를 쳐다봤다.

"들어오셔서 드셔보실래요?"

가게주인이기엔 좀 어려 보였는데 능숙하게 호객행위를 하고는 가게로 들어갔다.

남편과 나는 조금 더 골목을 살펴보았다. 주변 가게마다 서너 테이블씩 손님이 있었고 거리에 지나다니는 사람도 많았다. 부동산 주인이 말하길 유동인구가 많은 지역이니까 손님이 꽤 드는 곳이라 했는데 맞는 것 같았다.

춥기도 하고 다리도 쉴 겸 치킨집 문을 열고 들어갔다. 실내는 어두컴컴하고 나무로 꾸며진 당시 유행하던 '투다리'같이 전형적인 호프집 모양이었다. 6개 테이블이 있었는데 홀엔 반이 넘게 손님이 있었다. 문 쪽으로 자리를 잡고 바비큐 치킨과 생맥주를 시켰다. 조금 있으니 뜨거운 철판에 닭 한 마리가 가슴을 벌려 엎어놓은 채로 나왔다. 아까 본 그 주인 여자가 닭 속에 넣은 찹쌀이 철판에 눌러 붙어서 누룽지가 된 것이 별미라고 알려주었다. 뜨거운 철판에서 나는 치지직 소리가 식욕을 돋우고, 노릇노릇하게 구운 닭은 색다른 맛이었다. 튀긴 닭보다 살이 부드럽고 덜 느끼해 시원한 생맥주와도 썩 잘 어울렸다.

우리 어린 시절에 먹던 전기구이 통닭이 떠올랐다. 아버지는 약주 한 잔 들고 기분이 좋아지면 전기구이 통닭을 가끔 사 오셨다. 그 시절 먹던 간식 중 최고의 호사였다. 기름이 묻어있는 누런 봉투에서 따뜻한 통닭을 꺼내 펼쳐놓고 네 형제가 코를 박고 정신없이 먹으며 마냥 행복했다. 어쩌다 얼굴을 들어보면 아버지는 말없이 쳐다만 보셨다. 주름진 눈가에 웃음이 잡혔다. 우리 중 누군가 살점 한 조각을 떼어 입에 넣어주면 그제야 맛나게 드시던 아버지…. 지금 곁에 계시면 바비큐 치킨 제일 맛난 부위를 떼어드리련만.

초저녁인데도 가게 안에는 손님이 북적였다. 가게를 인수해도 되겠다는 생각이 확 들었다.

그날 이후 여러 번 더 가 봤다. 낮에도 가보고 밤늦게도 가보면서 그 동네의 유동인구도 조사해 보고 근처 부동산에 가서 그 상권의 흐름도 알아보았다. 남편과 나는 몇 날 며칠 결정을 할까말까 망설이며 그 근처 달빛공원을 서성였다.

그날은 맑은 밤하늘에 초승달이 보였다. 모서리가 뾰족했다. 날이 갈수록 조금씩 달빛을 채워서 반달이 되고 또 보름달이 되는 거 아니겠는가.

'그래 지금부터 차곡차곡 쌓아 보는 거야. 채울 날이 오겠지.'

여린 달빛을 보며 마음속에서 새로운 의지가 솟아올랐다. 남편도 같은 마음이었는지 여기서 장사해 보자고, 이제 결정을 내리자고 했다. 월급쟁이 울타리 안에 갇혀 있다가, 자영업의 방만한 자유의 세계로 들어섰다. 두려움 반 설렘 반, 중년의 나이에 새로운 인생을 시작하는 결단이었다. 상가들의 반짝이는 네온사인과 손님들로 흥성대는 골목이 다정하게 손짓하며 용기를 주는 듯했다.

그렇게 들어선 연신내 먹자골목. 우리는 그 치킨집에서 2002년 월드컵을 치렀다. 좁은 가게에서 작은 TV를 보며 주인이고 손님이고 너나 할 것 없이 우리 모두 '붉은 악마'였던 그때. 모두 함께 몸과 마음을 열고 응원하던 열기에 우리 치킨집도 정신없이 바빴다. 특히 4강 진출하며 새 신화를 썼던 그 무렵에는 우리 가게도 얼추 자리가 잡혀갔다.

  가슴 벅찬 추억을 간직한 그곳에서 바비큐 치킨집을 4년 동안 했다. 어설픈 장사가 익숙해지고 단골도 생기고 이웃 자영업자들과도 정답게 지낼 즈음 건물이 팔렸다. 새 주인이 건물을 다시 짓겠다고 세입자들을 모두 내보냈다. 또다시 우리는 아무 준비도 없이 정든 가게를 떠나야 했다. 연신내에서는 미처 보름달이 뜨지 않았다.

천국과 지옥 사이

 모두가 잠든 한밤중에도 휴대폰을 내려놓지 못한다. 요즘 들어 쉽게 잠들지 못한다. 그렇다고 한밤중엔 책을 펼쳐도 눈에 들어오지 않는다. 다른 세상 구경이나 하려 인터넷을 서핑한다. 이제 그만 잠을 자야지 하며 마지막으로 거래은행 앱에 접속한다. 옛날 노인네들이 잠 못 드는 밤마다 장판 밑에 감춰둔 현금다발을 밤새워 세고 또 세었다고 했던가. 내가 딱 그 짝이다. 통장 잔액을 들여다보는 재미를 어디에 견줄까. 손가락에 침을 발라가며 돈 세는 맛은 없지만, 조금씩 불어나는 숫자를 헤아리는 그 짜릿함이라니!

돈이야 셀 수 없이 많으면 좋겠지만 그 적금은 정말 특

별한 돈이다. 어려운 시절에도 깨고 싶은 마음을 꾹 참으며 오늘까지 모아왔다. 은퇴하고 아이들 결혼시키면 뒤도 안 돌아보고 우리 부부가 크루즈여행을 떠날 비자금이었다. 박봉을 쪼개고 입을 것 안 입고 먹을 거 안 먹고 구질구질 후줄근하게 살면서도 나도 한 번쯤 백만장자처럼 억만장자처럼 선상 여행이란 걸 해 보고 싶었다. 나풀거리는 원피스를 입고 커다란 비치용 모자에 선글라스를 쓰고 영화 〈타이타닉〉에서처럼 뱃머리 끝에 두 팔을 벌리고 서서 바닷바람을 맞으며 자유를 만끽해 보는 것이 버킷리스트 중 하나였다.

그런데 이게 웬일인가? 내 비자금으로 묶어놓은 목돈이 화면 위로 뜨지 않는 것이었다. 가슴이 뛰기 시작했다. 심장이 쫙 조였다. 다급히 화면 여기저기를 누르고 찾았다. 없었다. '이런, 낭패가!' 돈, 내 돈이 없어졌다. 은행 화면에서 사라졌다. 누웠다가 용수철처럼 튀어 벌떡 일어났다. '어떡해!' 머리가 쭈뼛 서고 정신이 번쩍 났다.

'나도 모르게 보이스피싱 당했나?'

'요즘 이상한 주식거래 문자가 오던데 그걸 열어서 저

절로 빠져나간 건가?'

'아휴, 알지도 못하는 인터넷 예금을 하는 게 아니었어.'

'내 돈, 내 돈아~'

'절대로 없어진 것이 아니야. 뭔가 잘못됐어. 어떡해, 어떡하지?'

 정신이 아득했다. 다음 순간 마음이 뒤엉켰다. 그 일을 식구들한테 말을 해야 하나 말아야 하나. 하필이면 내일은 일요일. 은행 영업도 안 하고 전화문의도 안 될 터. 안절부절 갈피를 잡을 수 없었다.

 일단은 태연하자. 월요일 은행에 알아본 뒤 나중에 처리하자. 내일은 아무 일 없는 듯 태연해야 해. 애써 마음을 진정시키며 깊은 한숨을 토해냈다. 온몸에 기운이 다 빠진 채, 이불 속으로 들어가 잠을 청해보려 하자 또다시 몸이 벌떡 일어났다. 그러길 몇 번. 그깟 돈 없으면 그만이지. 무시해 보지만 도무지 편안해질 수가 없었다.

 급기야 침대에서 일어나 휴대폰을 다시 켜서 화면 여기저기를 터치하며 그 통장이 화면에 떠오르기를 바랐다.

세부 메뉴를 누르고 그 안에 있는 모든 것을 열어보아도 비자금 통장은 도통 보이지 않았다. 화가 치솟았다. 바보 같은 나를 마구 질책했다. '잘 알지도 못하는 인터넷 적금을 들다니. 이런 멍청이하고는!' 답답했다. 누울 수도 앉을 수도 서 있을 수도 없었다. 앉았다 일어났다를 밤새도록 반복했다.

애들한테 도와달라고 할까? 안 돼! 애들도 남편도 모르는 나만의 비자금인데 안 되지. 아무렴 안 되고 말고. 그냥 나만 알고 있어야 해. 분명 얼마 전까지만 해도 화면에 보인 통장이 활짝 웃고 있었는데. 도대체 왜? 언제 없어진 거야? 어떡해. 울고불고 때굴때굴 굴러도 안타까움이 풀릴 것 같지 않았다. 소리 내어 울지도 못하고, 가슴만 쥐어짜고, 온몸을 비틀고, 이 악물며 견디고 있었다. 그러다가도 '에이, 설마 없어지기야 했겠어?' 가슴을 쓸어내리며 날이 밝기를 고대했다.

창밖이 훤하게 밝기 시작했다. 새벽 다섯 시였다. 여전히 엎치락뒤치락하는 마음이 진정되지 않았다. 오! 제발 제발 제발…. 꽃 한 송이도 함부로 꺾지 않았건만. 길거리에 개미도 허투루 밟은 적이 없는데. 남에게 몹쓸 일은 더더욱 한 적도 없는데…. 내가 그렇게 인정머리 없이 살지도 않았는데 그런 일이 내게 닥치기야 하겠어? 마음을 다잡다가도 월요일까지 기다릴 생각을 하니 앞이 캄캄해졌다.

머리를 감싸 안았다. 돈 몇 푼에 미친년 널뛰듯 요동치는 나 자신이 한심하고 애처로웠다. 돈이 인생에 필요하지만 중요하다고 생각한 적은 없는데, 지금 나의 모습은 돈 아니면 그 무엇도 중요한 것이 없는 것처럼 하늘이 무너져 내리고 있었다.

일요일 아침. 약속한 대로 남편과 영화관에 갔는데 뭘 봤는지 하나도 기억이 나질 않았다. 뒤이은 집안 행사에 함께 휩쓸리다 보니 괴로움을 잠깐 잊기도 하였지만 이내 그 일이 떠오르면 나도 모르게 세상 꺼지게 한숨을 짓곤 했다. 온종일 하나님, 부처님 제발 제 돈이 잘 있게 해주세요, 간절하게 빌고 또 빌었다.

드디어 월요일 아침이 밝았다. 식구들이 모두 출근하기만을 노렸다. 평소에는 그렇게 잘 가던 시간이 왜 이렇게 더디 가는지! 집 안이 텅 빈 여덟 시 반. 부리나케 은행에 전화했다.

"○○○은행입니다. 지금은 보이스피싱 각종 사고 신고 및 자동화기기 장애 업무만 가능하며 다른 업무는 상담이 불가하오니 영업일 오전 9시부터 오후 10시 사이에 문의하시기 바랍니다."

속은 타들어 가고 내 생전 30분이 이렇게 긴 적이 있었던가. 그새를 못 참고 여러 번 전화를 걸었다. 드디어 통화가 되었다.

"감사합니다, ○○○은행입니다."

나는 두서없이 상황을 설명했다. 직원은 내가 한 말을 차근히 되짚어 말하면서 은행 앱을 실행하라고 했다. 떨리는 마음으로 앱을 터치했다. 여전히 내 적금통장은 보이지 않았다.

"고객님, 스마트뱅킹이 업그레이드되면서 주거래 통장 거래만 뜨고 다른 통장들은 숨겨져 있습니다."

"네?"

숨겨진 것이라고? 그럼 사라진 것이 아니었구나! 가슴

이 확 트이면서 온몸이 나른하게 가라앉았다. 어쩐 일인지 가슴이 더 벌렁벌렁했다. 상단메뉴를 누르라 했다. 클릭하는 손가락이 덜덜 떨렸다.

"누르셨나요? 보이나요? 되셨어요?"

묻는 직원의 친절한 목소리가 구세주 같았다.

"이제 마지막으로 조회를 누르세요."

숨을 고르고 마지막 터치. 보였다! 금쪽같은 통장 잔액이 떴다. 웃음이 터졌다. 직원에게 고맙다는 인사를 했는지 어쨌는지 통화를 끝냈다. 내 돈의 숫자를 확인하는 순간의 그 느낌이라니! 악몽 같은 고통에서 벗어나는 환희의 극치였다. 온종일 하늘을 나는 기분으로 룰루랄라 입을 다물지 못했다.

깊은 밤, 휴대폰으로 세상 구경하고 내 통장에 들어가 보았다. 그대로 있었다. 입가에 웃음이 번졌다. 오늘 밤은 좋아서 쉽게 잠들지 못할 것 같다. 내게 천국과 지옥은 한끗 차이가 아니라 보이느냐 안 보이느냐다.

별이 빛나던 밤에

식구들이 출근한 뒤 식탁을 치웠다. 아침상에 미역국을 올렸는데 아무도 말이 없었다. 그마저도 다 먹지 않고 늦었다며 나갔다.

'내 팔자에 생일은 무슨… 에효, 이 배신감.'

설거지 그릇이 '옳소!' 맞장구를 치듯 쨍그랑거렸다.

그때 휴대폰이 울렸다. 그러면 그렇지 했는데 남편이 아니라 시어머니였다.

"미역국은 먹었니?"

시어머니는 내 생일을 매년 챙겨 주셨다. 30년 전 시집 와서 맞던 첫 생일. 시어머니는 과분한 생일상을 차려 주셨다. 교자상 두 개를 붙여 한가득 음식을 장만했다. 친정에서도, 아니, 살면서 처음 받아보는 말 그대로 진수성찬이었다.

"아이가 태어나면 첫돌 잔치를 하듯 너도 우리 집에서 한 살이잖니."

그날 시누이들은 무지 부러워했다.

"엄마, 나도 이렇게 상다리 부러져라 생일상 차려 준 적 없었잖아."

그때 진정 최 씨 집안의 며느리가 되었다고 생각했다. 살면서 시어머니에게 서운하고 미운 감정이 들어와 힘들 때면 그날 생일상을 기억했다. 그러면 어느새 속상했던 일들이 별일 아닌 일이 되곤 했다.

나이를 먹을수록 서운함이 늘어난다더니 내가 그런 걸까. 생일을 기억해주시는 시어머니의 전화를 끊고 나서도 온종일 기분이 꿀꿀했다. 서글펐다. 우울했다. 짜증까지 났다. 일순간 평안했다가 다시 화가 치밀고 감정이 요동치는 것을 어떻게 추슬러야 할지 감당이 되지 않았다. 이 나이에 투정을 부리는 것도 왠지 씁쓸했다. 마음을 달래려고 휴대폰 뮤직 박스에 7080 노래를 검색했다. 그 시절

즐겨 들었던 노래들을 플레이했다.

대학 시절로 기억을 되감기해본다. 제법 인기가 있었지. 내 생일이면 기타를 들고 와 이종용의 〈겨울 아이〉를 멋들어지게 불러주던 우석이는 어떻게 살고 있을까. 기계설계학과 복학생 오빠들은 강의실 밖에서 〈희야, 날 좀 바라봐〉를 부르며 기다리고 있었지. 수업이 끝나면 그들이 커피며 점심뿐 아니라 술 사기를 마다하지 않았던 시절이 그리웠다.

어느덧 거실 안으로 어둠이 밀려 들어왔다. 또 밥상을 차려야 할 고민의 시간. 미역국 냄비를 가스 불에 올려 다시 덥히려 할 때 전화벨이 울렸다. 남편이었다.

"왜? 빨리 들어오지 않고?"

심술이 난 나는 퉁명스럽게 말했다.

"빨리 전철역으로 나와."

왜냐고 물으려다 전화를 끊었다.

무슨 이벤트를 해 주려나 하는 기대감으로 옷장 문을 열고 옷을 골라 입었다. 전철역에 도착하니 기다리고 있던 남편이 손을 잡아끌었다.

"저 마을버스를 타야 해."

그는 씩 웃더니 버스에 올라탔다.

버스에는 내 또래 중년들이 꽉 차 있었다. 우리가 내린 곳은 어둠이 깔린 숭실고등학교 정문 앞이었다. 학교 강당에는 이미 사람들이 많이 와 있었다.

'윤동주 탄생 100주년 기념 콘서트'

강당 앞에 길게 드리워진 현수막. 나는 '아~' 하는 가벼운 탄성과 함께 남편을 바라보았다.

며칠 전, 외출했다 오는 길에 그 현수막을 보았다. 은평구청 주최로 윤동주 시인이 다닌 숭실고등학교 강당에서 콘서트를 한다는 내용이었다. 마침 그날이 내 생일이었다. 지나가는 말로 거기에 갔으면 좋겠다고 했던 말이 그제야 기억이 났다.

이 소박한 콘서트에 젊은 날 우리의 우상이었던 김형석 교수님이 노구를 마다치 않고 오셨다. 먼발치에서나마 뵙는 것만도 영광이었다. 평양 숭실학교 시절 선배였던 윤동주 시인과의 소소한 추억을 얘기하셨다. 시인의 육촌 동생인 윤형주도 북간도에 있던 시인의 무덤을 처음 찾았던 때를 얘기했다. 무덤은 시인이 쓴 시 〈별 헤는 밤〉의 마지막 구절처럼 되어있었다고 했다. 혼자 묻힌 언덕 위에는 풀만 무성했다며 아무도 돌보지 않은 무덤을 보았던 참담한 마음을 전해 주었다.

이어서 김세환, 정훈희, 윤형주의 공연이 이어졌다. 그들의 노래는 나를 20대로 순간 이동시켰다. 윤동주의 노래는 시집을 읽으며 긴 머리를 휘날리며 라일락꽃 향기 나는 교정을 거닐게 했다. 사람 없는 찻집에서 낙서도 하고 길가 꽃밭에 마주 앉아 소곤거리며 그 시절의 감정을 즐겼다.

남편과 연애하던 시절의 두근거림도 오롯이 살아났다. 가볍게 떨리던 마음이 시간이 지날수록 충만한 기쁨으로 가득 찼다.

남편이 속삭였다.

"승희 씨, 생일 축하합니다."

그 한마디에 온종일 부글부글 끓었던 감정이 사라졌다. 뭉쳐있던 기분이 마치 물에 넣으면 부풀어 오르는 종이냅킨처럼 풍성해졌다.

마지막으로 윤형주가 말했다.

"동주 형님은 〈별 헤는 밤〉으로 여러분의 기억 속에 있지만, 저도 별 노래 하나가 있지요. 같이 불러 보실까요."

우리는 모두 손을 들어 양옆으로 흔들며 열창했다.

"저 별은 나의 별 저 별은 너의 별~"

공연장을 나오며 남편이 내 손을 슬며시 잡았다. 따뜻했다. 내가 태어난 날이 뭐 그리 대단하다고 종일 마음 태운 것이 민망했다. 부부란 서로 태어나는 것은 보지 못했지만 상대의 죽음을 지켜주거나 배웅해줘야 할 관계니까.

그날 밤 집으로 돌아오는 길에는 나의 별과 남편의 별이 나란히 밤길을 비추고 있었다.

플랜테이션 카페

 요즘 매일 드나드는 카페 하나가 있다. 자랑하고 싶어 입이 근질근질하다. 행여 소문이 나서 발 디딜 공간도 없을까 걱정이다. 하지만 연애를 숨길 수 없는 것처럼 행복한 마음을 함께하고 싶어 안달이다.

나는 행운아다. 정원은 없지만 커다란 숲을 통째로 가지고 있어서다. 우리 집 베란다에 서면 우람한 산이 가슴 가득 들어온다. 아침이면 새소리에 잠이 깨고 저물녘 산에서 불어오는 바람은 휴양지가 부럽지 않다. 겨울엔 나목에 피는 눈꽃도 보고, 봄이면 뾰족하게 새 생명의 기운을 알리는 여린 새싹도 만난다. 초여름에 피는 아까시나무 꽃향기가 동네를 감쌀 때면 퇴근길이 가볍다. 가을에

알록달록한 단풍은 바로 설악 언저리로 날아가게 한다. 아파트 정문에서 오른쪽으로 5분만 걸으면 은평 둘레길로 이어지는 등산로다. 누가 여기를 서울이라 할까 싶게 공기 맛이 확 달라진다.

 직장 다닐 때 숲은 그저 바라보는 것으로 알았다. 퇴근길 지친 몸을 이끌고 아파트 입구로 접어들면 온몸을 감싸는 숲 내음에 하루의 피로가 순식간에 달아나는 것만으로도 행복했다. 사계절 산은 나를 늘 유혹했지만 이런저런 핑계로 일 년에 너댓 번이나 가봤을까나. 그런데 재작년 느닷없이 찾아온 팬데믹으로 약속 외출이 없으니 그제야 산을 찾게 되었다. 얼마 지나지 않아 정상도 찍고 제법 숲 산책이 일상이 되었다. 올 새해는 해맞이하러 봉산에 오르기도 하였다. 어스름한 새벽에 어렵사리 산에 올랐는데 해는 얼굴을 보여주지 않았다. 20년 동안 봉산 아래에 살면서 이제야 찾아온 것이 서운했나 보았다.

 오늘도 커피를 챙겨 들고 산에 오른다. 벌거벗은 나무에 말을 건다. 춥지 않냐고, 언제부터 여기 있었냐고 물어보면 대답 대신 시리도록 파란 하늘만 바라본다. 하늘에 맞닿아 보려는 건지 아래쪽 나에게는 눈길도 주지 않는다. 어느새 얼었던 땅이 부드러워지는 것 같다. 메마른 나무껍질에 물기가 올라 유순해 보인다. 물오른 줄기 사이사이로 작은 꽃눈들이 인사한다. 저쯤엔 벌써 산수유 꽃들도 피어있다. 진달래꽃도 수줍은 얼굴을 내밀고 생강나무꽃도 환하게 웃는다. 발아래로는 제비꽃 광대나물 봄까치꽃이 번져 간다.

  산에 꽃만 있겠는가. 산언저리에 들어서면 산새들이 조잘대며 귀를 간질인다. 참새들은 나무 덤불 사이를 분주히 오가고 까치, 까마귀, 직박구리들도 여기저기서 푸드덕댄다. 산비둘기의 구수한 노래도 들린다. 겨우내 조용했던 산은 봄이 되자 보이는 듯 보이지 않는 듯 여기저기서 수런거린다. 내 안에도 알 듯, 말 듯한 기운이 두둥실 떠다닌다.

  어디선가 나무 쪼는 소리가 들린다. 고개를 젖히고 여기저기 나무를 살피니 오색딱따구리가 나무를 분주히 쪼아댄다. '와우!' 자연 다큐멘터리가 내 눈 앞에 펼쳐지다니! 동영상을 찍으면서 여기저기 자랑할 생각으로 벌써 우쭐해진다. 우리 동네 뒷산에는 오색딱따구리를 비롯하여 청딱따구리, 쇠딱따구리 등 여러 종이 있다. 딱따구리 시리즈 촬영을 해 볼까 생각하다 보면 마음이 설렌다. 유튜브를 보면 자연에서 사는 동물들과 잘도 친하게 지내는 게 부러웠다. 누가 알겠는가. 나도 녀석들과 친해지면 눈을 맞추고 이야기 나눌 수 있을지도.

조금만 더 가면 내가 꼭꼭 숨겨둔 그곳이 나온다. 4년 전 구청에서 조성한 제법 넓은 편백나무숲이 있다. 묘목을 심었을 때, 키 작은 어린나무들이 땡볕에 듬성듬성 서 있는 걸 보고 잘 자라기를 바랐던 기억이 난다. 나무 사이로 오솔길을 내고 꽃밭도 꾸미고 쉼터도 만들어 놓았다. 묘목이던 편백나무는 이제 푸른 잎을 펼치며 훌쩍 자랐다. 땡볕을 가려줄 넉넉한 그늘도 만들어 준다. 나무가 내어준 그늘만큼 내 마음의 그릇도 넉넉해지기를 바라며 산길을 오른다.

숨이 가쁘게 걸어 산등성이에 다다른다. 앞이 확 트인 산 아래 풍경이 가슴에 와 안긴다. 저 아래 우리 아파트도 나를 향해 다정스러운 눈길을 준다. 노곤한 다리도 쉬고 까칠한 마음도 가라앉힐 겸 어서 내 자리로 간다. 의연하게 자라 우뚝 선 편백나무 아래 빈 벤치가 나를 기다리고 있다. 편백나무는 아직 새잎이 나지 않았지만 유연해 보이는 저 가지들이 지친 내 마음을 감싸 안아주기에 충분히 온화하다. 준비해온 커피 텀블러를 꺼낸다. 숲속에서 커피 향은 더 진하고 맛이 깊다. 마침 딱따구리가 스타카토로 나무를 쪼아댄다. 그 어떤 음악보다도 경쾌하고 아름답다. 가방에서 책을 꺼낸다. 새소리, 바람 소리, 나뭇잎 부딪히는 소리…. 자연의 백색 소음이 독서에 몰입하게 한다. 잠시 책에서 눈을 떼고 파란 하늘을 올려다본다. 눈이 맑아진다. 커피 한 모금을 마시며 이만한 카페가 어디 있을까 싶다. 일상이 싱그럽게 푸르어지는 이곳, 여기가 바로 자랑하고 싶어 입을 잠가놓을 수 없는, 나의 '플랜테이션 카페'이다.

날마다 다른 모습으로 나를 맞아주는 카페. 계절 따라 갖가지 꽃이 피어나고, 싱그러운 나무들로 조화를 이루고, 새들의 오케스트라 연주로 분위기를 연출하는 자연 카페. 여름철 편백나무 그늘 벤치는 최고의 카페다. 선풍기 바람보다 더 시원하다. 냉커피를 마시며 매미 합창을 배경음악으로 삼고 독서 삼매경에 빠질 생각하니 벌써 마음이 파란 하늘로 솟구친다.

춤추는 하모니카

공연이 내일로 다가왔다. 설렘과 두려움이 방망이질했다. 뭉게뭉게 피어오른 구름이 나를 감싸는 듯했다. 평생 누구 앞에 서 본 적이 없는데 그것도 여러 사람 앞에서 연주를 한다니 스스로 대견하다고 생각됐다. 하모니카 배우기를 정말 잘했다.

무료함을 털어내고 싶은 나날이었다. 뭐 재미나는 일 없나 주위를 둘러보던 때 동네 성당에 하모니카 강좌가 생겼다. 자타가 공인하는 음치요 박치지만 냉큼 등록했다. 일주일에 한 번이라 부담은 없었다. 제대로 따라 할 수나 있을까 걱정도 되었다.

하모니카를 배운 첫날 '도레미파…'를 불어야 했는데 음이 맞는 구멍을 찾는 것조차 힘들었다. 긴장한 탓에 하모니카를 너무 꽉 잡아서 양옆으로 움직이지 않아 제대로 소리가 나지 않았다. 선생님이 힘을 빼고 불어 보라고 했지만 잘 되지 않았다. 세상만사 철칙이 먼저 힘을 빼는 일! 두 시간 동안 하모니카와 씨름을 했더니 힘든 노동을 한 것처럼 팔도 아프고 어깨도 쑤셨다.

집에서도 연습했다. 온종일 '도레미'만 열심히 부는데도 소리가 엉망이었다. 시끄러운 쇠 마찰음은 내 귀에조차 거슬렸다. 괜히 시작했나 후회했다. 언감생심 악기 연주에 욕심을 부리다니. 그러나 마음을 다잡았다. 칼을 뽑았으니 두부라도 잘라야 하지 않겠는가. 식구들의 눈총에도 아랑곳하지 않고 삑삑거리며 열심히 불어댔다.

중간고사를 준비하던 딸이 불평했다. 공부에 방해되니 시험 기간만이라도 조용히 해 달라는 호소. 시험 못 보면 모든 책임을 지라는 협박에 잠시 쉬기로 했다.

'장학금만 못 타 봐라.'

그런데 텔레비전을 보다가, 설거지하다가도, 어떻게 하면 소리를 잘낼 수 있을까. 온통 하모니카 생각뿐이었다.

하모니카가 어찌나 불고 싶은지 마침내 이불을 뒤집어쓰고 땀을 뻘뻘 흘리며 하모니카 연습하기에 이르렀다. 이불 속에서 연습하니 소리가 밖으로 나가지 않아서 좋았다. 게다가 내가 내는 소리를 온전하게 들을 수 있었다. 드디어 '도' 음을 정확하게 냈다. 바로 이 소리야!

저물녘 부엉이가 목청을 가다듬는 것 같다고나 할까. 이불 속이 갑자기 빽빽한 숲속이 되는 느낌이었다. 어쩌다 '시' 음을 냈을 때는 바람 마실 온 옥수수밭이 되었다. 한여름 간간히 불어주는 산들바람에 잎사귀들이 부비는 시원한 소리 같았다. 이마에 흐르던 땀방울이 싹 가셨다. 소리꾼은 폭포 밑에서 득음을 한다고 했던가. 나는 이불 속에서 하모니카 음계를 익힌 셈이었다.

하모니카 수업이 있는 날은 아침부터 설렜다. 제멋대로 나오던 음이 어느새 노래가 될 땐 내가 연주하는 것이 맞나 하며 감격했다. 박자를 놓치기도 하고 합주할 때는 혼자만 엉뚱한 소리를 내어 지적을 받아도 즐거웠다.

호흡이 힘들어 음을 건너뛸 때도 있었지만 시간이 지나면서 서글프면서도 향수를 불러일으키는 곡조까지 불게 되었다. 하모니카를 두 개 들고 반음까지 넣어 연주하게 되자 저절로 어깨가 으쓱해졌다. 선생님은 매달 마지막 주에 각자 자신 있는 곡을 발표하게 했다. 그날만큼은 내가 음악을 전공하는 학생이라도 된 기분이었다.

  육 개월쯤 지나 크리스마스가 다가오자 선생님이 노인 요양 시설에 '연주 봉사'를 가자고 하셨다. 아직은 실력이 안 된다고 모두 손사래를 쳤다. 의미도 있고 실력 향상에도 도움될 거라고 선생님은 적극 권하셨다. 우리는 작은 연주회를 위해 선곡을 하고 순번을 정하고 열심히 연습했다. 입술이 부르터서 부어오르고 심지어 피도 났다. 그래도 신이 났다. 서로를 보고 웃으며 놀리기도 하고 격려도 하였다. 평균연령이 50대 후반인 우리들은 중학교 시절 합창 연습을 하던 때로 돌아가 있었다.

  드디어 공연 무대 위에 섰다. 작은 홀이 꽉 찼다. 벅차오르는 가슴을 진정시키느라 심호흡을 몇 번 하니 관중석이 눈에 들어왔다. 관객들의 표정까지도.

  '세상에나!'

  침울하고 어둡고 무표정한 얼굴들. 가끔 숨이 넘어갈

듯 자지러지는 해소 기침 소리만을 빼놓고는 너무도 조용했다. 이 앞에서 무슨 연주를 하나 싶은 생각뿐이었다.

 선생님의 신호에 따라 눈 딱 감고 그동안 연습한 〈즐거운 나의 집〉에 이어서 동요 〈반달〉, 〈작은 별〉, 〈퐁당퐁당〉 등을 연주했다. 신기하게도 어르신들의 얼굴에 화색이 돌더니 손뼉을 치며 노래를 부르기 시작하는 것이었다. 급기야는 일어나 덩실덩실 춤도 추시는 게 아닌가. 더 놀라운 것은 동요 가사를 하나도 틀리지 않고 따라 부른다는 사실이었다. 두 눈을 반짝이며 뺨을 붉게 물들이고 노래를 부르던 할머니들. 행복한 어린 천사들 같았다.

 순간 마음속에서 환한 기쁨이 피어났다. 까마득히 잊어버렸던 순수함이었다. 이 세상에 존재하는 것만으로도 늘 축제였던 그 시절의 감정. 삶의 무게로 세월의 더께로 없어진 줄 알았는데 저 구석진 곳에 가라앉아 있다 솟아오른 것이다.

 얼결에 잡은 하모니카가 시큰둥하던 내 삶에 생기를 불어넣어 줄 줄이야. 다시 찾은 삶의 기쁨이 따뜻한 정감의 하모니카 선율을 따라 신나게 춤추고 있었다.

엄마의 스카프

신혼 시절 명절 때 친정에 가는 것은 언제나 설레는 일이었다. 시집에서 차례가 끝나면 시어머니는 어서 친정 가라고 재촉하셨지만, 뒷정리는 항상 내 몫이었다. 하던 일을 두고 가는 것이 죄송스러워 정신없이 치우다 보면 옷조차 제대로 챙겨 입을 겨를이 없었다. 매번 입던 옷에 코트만 걸쳤다. 단 일 분이라도 빨리 친정으로 가고 싶어서였다.

유독 추위를 타는 나를 위해 엄마는 언제나 미리 방을 데워 놓곤 했다. 따뜻한 방에 누우면 긴장이 풀리면서 금세 잠이 들곤 했다. 이 세상에 태어나서 단 하루도 단잠을 자본 적이 없는 사람처럼 곯아떨어졌다. 그렇게 한참 자고 나면 다음 명절 때까지 버틸 만큼 힘이 생기는 것 같았다. 엄마는 언제나 바닥난 내 건전지의 재충전을 위한 전원이었다.

어느 해 설날이었다. 설거지를 끝내자마자 친정으로 내달렸다. 사위 챙겨 주랴 손녀 챙겨 주랴 분주했던 엄마의 목에는 언제나처럼 스카프가 매어있었다.

편안하고 느긋한 시간을 보내고 집으로 오려는 참이었다. 엄마는 내가 춥게 보였던지 한마디 하셨다.

"스카프라도 하고 오지…."

엄마는 목에 둘렀던 것을 풀어 내 목에 두 번 감아 주셨다.

"괜찮아. 차 타는데 뭘."

엄마에게 몇 개 되지 않는 스카프라는 것을 아는 나는 괜찮다고 했지만, 엄마의 스카프는 이미 내 목에 걸려 있었다. 진갈색 바탕에 베이지색 나뭇잎 무늬가 잔잔하고 하늘하늘한 보드라운 시폰 스카프. 그렇게 내게 온 엄마의 스카프. 연년생으로 태어난 동생에게 일찌감치 엄마의 품을 내주어야 했던 맏이의 서운함 때문이었을까. 오랜만에 맡는 엄마의 채취가 그렇게 향긋할 수가 없었다.

 그 후부터 며느리 노릇이 버겁고 아내의 자리가 좁고 엄마의 역할에 부대낄 때마다 엄마의 스카프를 찾아 매곤 했다. 혼자 버티기 힘들고 어딘가 호소하고 싶을 때도 엄마의 스카프는 언제나 따스한 위안이 되어 주었다. 남에게 들키고 싶지 않은 내 허물과 아픔과 나약함까지도 말없이 감싸주고 보듬어 주는 마법의 스카프. 엄마의 스카프는 언제나 그랬다.

 가끔 친정에 가서 엄마의 옛 앨범을 뒤적이다 보면, 젊은 시절 엄마 사진에는 스카프를 하고 찍은 것이 많았다. 목이 짧아 앞이 파인 옷을 즐겨 입던 엄마는 스카프를 하면 허전한 가슴을 가려 주어 편안하다고 했다. 걸스카우트 같은 스카프를 매고 아그리파 조각상 옆에서 찍은 사진을 보고 동생과 나는 '미녀와 야수'라고 이름을 붙여 주고 깔깔 웃던 생각도 났다. 신혼여행 사진에도 김장하는 사진에도 엄마는 늘 스카프를 두르고 있었다.

 "승희 엄마는 언제 봐도 멋쟁이야."

 동네 아주머니들은 농담 반 진담 반으로 놀렸다. 아마

도 스카프 때문이었으리라. 내 기억 속의 엄마는 언제나 스카프를 하고 계셨다.

6·25전쟁 때 월남한 아버지는 부초처럼 떠다니셨다. 이미 어느 한곳 잘린 뿌리는 정착하기 힘이 들었던 것일까? 그래서 우리들의 생활은 늘 높은 파도를 타는 작은 목선처럼 위태로웠다. 엄마는 그런 아버지를 보고 항상 안타까워하셨다.

"소도 비빌 언덕이 있어야 하는데…."

비빌 언덕이라곤 없었던 아버지는 사업에 실패한 후 중동 바람을 타고 쿠웨이트로 사우디아라비아로 모래폭풍 속을 헤매고 다니셨다. 가족의 생계는 오로지 엄마의 몫이었다.

지금 와서 생각하니 엄마는 멋을 부리기 위해서 스카프를 한 것이 아니었다. 눈속임을 하기 위해서 스카프를 하셨던 것이다. 내가 지금 서둘러 외출할 때 스카프 한 장으로 눈가림하듯이. 엄마는 자신의 남루한 삶을 감추기 위한 소품으로 화려한 스카프 한 장이 필요했던 것이다. 어쩌면 엄마는 가난에서 오는 슬픔도 아픔도 외로움까지도 모두 한 장의 스카프로 가리려고 했는지도 모른다. 스카프를 하고 있을 때 엄마는 언제나 구김살이 없고 당당하게 보였으니까.

어쩌면 엄마에게 스카프는 입 밖으로 밀어내지 않은 간절한 목소리였을지도 모른다. 방황하는 아버지가 길을 잃지 않고 가정으로 되돌아오게 하는 손짓이거나 그것도 아니라면 아버지가 돌아가야 할 방향을 알리는 깃발이 아니었을까? 그런 스카프는 안으로 우리를 한데 묶는, 가냘프지만 든든한 끈이 되기도 했다.

나도 언제부턴가 엄마처럼 스카프를 자주 한다. 내 우울을 가리고 내 삶의 남루를 감추고 가라앉은 그 날의 기분을 살리기 위해서 외출할 때 스카프를 두른다.

나는 오늘도 스카프를 한다. 목에 두르면 살갑게 감싸 안는 이 포근함, 거울에 비친 화려한 무늬가 주는 이 상쾌함. 앞으로도 엄마처럼 스카프 한 장으로 나와 세상의 모든 불행과 어둠을 가리며 살지도 모른다. 세상의 모든 시선으로부터 나를, 나의 시선으로부터 세상을 가리기 위해 아직도 엄마의 스카프는 유효하다.

깻잎 조림

울적한 날엔 시장에 간다. 시끌벅적 웃음소리가 있는 활기가 그리워서다.

"한 개 천 원~, 세 개 이천 원~."

손님을 부르는 목소리에 기운이 넘친다. 차마 그냥 지나치지 못하고 과일가게도 기웃거리고 어물전 생선들과 눈도 맞춰 보며 어슬렁거린다.

시장 구경이 끝나갈 즈음 내 눈길을 잡아끄는 곳은 시장 한 귀퉁이에 앉아있는 할머니의 채소이다. 바닥에 쌓아놓은 고추, 상추, 호박, 깻잎…. 나는 그 앞에 쪼그리고 앉아 갖가지 채소를 장바구니에 담으면서 길바닥에 흩뿌려진 채소향도 함께 넣는다.

채소 중 내가 좋아하는 것은 깻잎이다. 향긋한 나물 반찬이나 장아찌, 깻잎김치 등 밑반찬으로 먹기도 하고, 무침이나 탕 등에 향신료처럼 쓰기도 한다. 깻잎의 독특한 향은 입맛을 돋우어 준다. 또 상추와 함께 고기나 회를 싸 먹기도 한다. 나는 많은 깻잎 요리 중에서 깻잎 조림을 즐겨 먹는다.

대부분 한국 음식 재료가 그렇지만 깻잎도 꽤나 손이 많이 간다. 잎채소의 경우 농약이 많다 하니 더 신경 쓸 수밖에. 차곡차곡 예쁘게 포장된 깻잎을 뜯으니 갇혔던 향이 화하게 피어오른다. 방금 낫으로 벤 야생풀의 싱싱한 풀냄새만큼이나 감각적이다. 한 잎 한 잎 꺼내 여린 잎이 상하지 않도록 조심스럽게 흐르는 물에 여러 번 씻는다. 상추 씻는 것에 비하면 깻잎 씻는 일은 그리 귀찮지 않다. 텁텁하기 짝이 없는 내 속을 씻는 내내 박하사탕이라도 입에 문 듯 환하게 뚫어 주어서이다.

씻은 깻잎은 소쿠리에 받쳐 놓고 감칠맛 나게 양념장을 만든다. 다시마 한 장에 물 한 컵을 부어 30분간 불린다. 그 물에 멸치액젓, 진간장, 올리고당, 다진 마늘, 다진 파, 생강즙, 고춧가루, 참기름을 한 큰 술씩 넣고 골고루 잘 섞는다. 양념이 어우러지며 풍미가 더해진다. 그 냄새에 입안 가득 침이 고인다.

  냄비에 깻잎을 넣는다. 깻잎 두 장마다 한 작은 술씩 양념을 바른다. 양념 바른 깻잎을 켜켜이 재운다. 냄비뚜껑을 닫고 센 불에 약 2분 30초 정도 익힌다. 간장이 졸아들면서 깻잎 끝자락이 자글자글 끓으면 깻잎을 위아래로 뒤집어 준 뒤 몇 초간 더 익히다 불을 끈다. 살짝 익힐 때 나는 그 짭조름하고 향긋하고 맛있는 냄새. 그 냄새만으로도 없던 입맛을 자극하기에 충분하다. 뿐만아니라 어린 시절 추억을 떠올리게도 한다.

  초등학교 3학년 때였다. 친구와 싸워서 선생님께 꾸중을 들었던 것 같기도 하고, 아끼던 무언가를 잃어버려 선뜻 교실을 나서지 못하고 우물쭈물하다가 겨우 학교를 나왔다. 친구들은 이미 다 가버렸고 길은 텅 비어있었다. 어깨는 축 처져 터벅터벅 집으로 가고 있었다.

  엄마가 일 나간 날이라 집에 없다는 게 떠올랐다. 기운이 쭉 **빠졌다**. 신발주머니를 땅에 질질 끌며 걸었다. 엄마도 없는 집에 가서 어린 동생을 셋이나 돌보아야 한다는 압박감이 밀어닥치자 어디론가 도망가고 싶었다. 무거운 짐이란 짐을 나 혼자 다 진 것처럼 원망스럽고 서러웠다. 빙빙 돌아봤지만 결국 집으로 가는 골목 어귀에 들어섰다.

'아, 맛있는 냄새!'

누구네 집에서 저녁밥을 짓는 모양이었다. 집에 가도 엄마는 없겠지. 순간 눈물이 핑 돌았다. 무슨 반찬 냄새일까? 냄새 나는 쪽으로 고개를 돌려 코를 킁킁거렸다. 깻잎 조림이었다. 짭조름한 간장 냄새와 깻잎의 향긋한 냄새가 온 동네 골목길을 휘젓고 있었다. 갑자기 배가 고파졌다. 입맛을 다시며 나도 모르게 한숨이 나왔다. 그날따라 더욱 뻑뻑한 대문을 삐꺼덕 열고 들어갔다.

"왜 이렇게 늦었어. 배 고프지? 어서 밥 먹자."

엄마 목소리였다. 왈칵 눈물이 쏟아졌다. 차려진 밥상 위에 작은 양은 냄비. 그 안에 까무잡잡한 깻잎 조림이 가지런히 놓여 있었다. 밥을 두 그릇이나 먹었던 것 같다. 허기진 배뿐만 아니라 허했던 마음까지 채웠던 모양이다.

그때부터였는지 깻잎 조림은 나에게 마음을 채워주는 음식 중 하나가 되었다. 왠지 마음이 쓸쓸해지는 저녁나절 무슨 반찬을 할까 고민하다가도 '참! 깻잎 조림이 있지!' 머릿속에 환히 불이 켜진다.

사는 것에 시달려 누군가의 위로가 받고 싶을 때, 아니 엄마 품에서 어리광이라도 부리고 싶어질 때면 나는 깻잎 조림을 하는지도 모른다.

약국 유리창 너머는 시장이어서 항상 시끌벅적했다. 힘겨운 생활이었지만 열심히 사는 이들의 생생한 삶의 현장이었다. 날마다 드잡이가 벌어졌고 막걸리 한잔으로 만족해하는 껄껄거리는 웃음도 있었다. 무엇이 삶의 동력이 되는지 어렴풋이 알아갔던 것도 그때가 아닌가 싶다.

4. 날다

한마디 말이

시어머니의 다듬잇돌

화석이 된 글

다시 피는 산국화

나비, 날다

불광문고

방구석 휴가

신인류로 진화 중

동지팥죽

끝나지 않은 항해

한마디 말이

 일요일 이른 아침 전철을 탔다. 텅 빈 객차 안이 낯설었다. 아침잠을 설치고 나선 길이라 피곤했다. 외진 구석에 앉아 눈을 감았다.

잠시 후 인기척에 눈을 떴다. 옆에 할머니 한 분이 앉아 계셨다.

"자네 손에 복이 가득 들었어."

뜬금없는 말씀에 귀가 솔깃했다.

"네?"

"손에 복이 있어. 앞으로는 좋은 일만 생기겠는걸."

손에 복이 들어있다니. '코에 복이 있다', '귀볼에 복이 있다', '얼굴이 복스럽다'는 말은 들어보았지만 '손에 복이 있다'는 말은 처음 들었다. 듣기 싫은 말은 아니었지만, 얼른 왼손으로 오른손을 덮어 감추며 할머니에게 어색한 웃음으로 답례했다.

내 손은 밉다. 다른 데라고 자신 있게 내보일만한 것이 있는 건 아니지만 손은 보이고 싶지 않은 콤플렉스 중 하나다. 살갗은 검고, 손가락은 짧다. 뿐인가. 손마디는 왜 그리 굵은지, 반지 끼면 약지 살이 밀려 더는 내려가지 않는다. 창피해 얼른 빼보지만 잘 빠지지도 않는다. 게다가 손바닥도 두껍다.

학창 시절, 남학생들과 어울려 등산 가면 누가 누구 손을 잡아주는지가 관심사였다. 별로 험하지도 않은 산길을 굳이 잡아주겠다는 남학생이나, 엄살을 떨며 은근히 잡아주기를 바라는 여학생이나, 뒤쫓다 보면 아니꼽기가 가관이었다. 나는 입을 삐쭉거리며 앞지르곤 했다. 사실 그들이 얼마나 부러웠는지 모른다. 나도 맘에 드는 남학생이 잡아주는 손에 내 체중을 맡기고 가뿐히 오르고 싶었다. 하지만 못생긴 내 손이 부끄러워 남학생들 손을 뿌리치고, 힘들지 않은 척 앞장서 올라갔다.

남편과 연애할 때, 손을 잡으면 설렘으로 땀이 나는 게 아니라 내 손이 부끄러워 진땀을 흘렸다. 집 앞 골목에서였다. 내 앞에 손을 펼치며 올려놓으라고 했다. 그러나 선뜻 잡을 수가 없었다. 조금 망설이다가 손을 잡았다. 남자 손이 내 손보다 더 가늘고 더 따뜻하고 더 부드러운 게 아닌가.

결혼반지를 맞추러 갔던 날이다.

"신부 손가락이 굵어 신랑하고 같은 치수로 해야겠는걸."

금은방 주인아저씨 말씀에 쥐구멍에라도 들어가고 싶었다. 살림하고 애기 낳고 살다 보면 더 굵어지니 한 치수 크게 하라는 말을 듣는 둥 마는 둥 남편보다 두 치수 작은 12로 맞췄다.

"그렇게 굵었어? 난 몰랐네. 어디 봐봐."

나는 얼른 손을 뒤로 감췄다. 그 반지는 결혼식 날 하루 끼고는 화장대 서랍 속에서 빛을 못 본 지 오래되었다.

내 손은 미적인 가치로서가 아니라 도구적인 가치만 있을 뿐이라고나 할까? 오로지 책임과 의무를 게을리하지 않은 것이 최대의 일이었다. 집안일, 아이 돌보기뿐 아니라 우리 가족을 먹여 살린 손이었다. 손은 가끔씩 앓았다. 인대가 늘어나거나 손목이 시큰거려 잠깐씩 쉴 수 있는 시간을 스스로 마련했다. 잠시 쉬고 난 후에 또다시 자신이 할 일을 묵묵히 했다.

'어디 복이 붙었나?'

가만히 손을 들여다봤다. 여전히 못생겼다. 굵은 핏줄이 불거지고 마디는 더 굵어지고 이제 검버섯마저 드러나기 시작한 주름진 손, 세월의 짐을 참 많이도 날랐구나 싶다. 내가 다시 한번 할머니를 쳐다보니 한마디를 얹어주시며 일어난다.

"그 굵은 마디마디가 다 복이여~"

고단한 내 인생에 할머니가 위로해 주시는 말씀이라 여기면서 나도 모르게 왼손이 오른손을 부끄러운 듯 감싸 쥔다.

시어머니의 다듬잇돌

서른이 다 되어 결혼했다. 눈에 콩깍지가 씌었던 것일까. 시동생 하나에 시누이가 넷. 게다가 홀어머니까지 모셔야 하는 장남이었다. 시누이 시집살이를 호되게 겪은 친정어머니는 한사코 반대했다. 다행히 사윗감이 미덥다며 아버지는 무조건 찬성이었다. 어머니의 반대를 무릅쓰고 아버지의 응원에 힘입어 결행했다.

시댁으로 들어가 살게 되니 신혼 살림살이를 놓을 곳이 마땅치 않았다. 시어머니의 살림을 그대로 쓰기로 했다. 오래된 장식장과 텔레비전은 그렇다 하더라도 베란다 구석에는 요강, 약탕관, 다듬잇돌 같은 것들이 너저분하게 놓여 있었다. 그곳은 내 집이 아니었고 얹혀 사는 것 같은 기분이 들었다. 낯선 환경에 겉돌기만 했던 신혼 초. 나는 늘 소화불량으로 고생했다.

아침에 일어나면 시어머니께 인사드리는 것을 시작으로 출근하는 시동생 시누이들을 챙기다 보면 정작 남편은 배웅조차도 하지 못했다. 시어머니 살아온 얘기를 들어가며 집안일을 하다 보면 어느새 식구들이 들어올 저녁 시간. 거실에서 텔레비전 보던 가족들이 제각기 방으로 간 후 뒷정리를 끝내고 들어가면 신랑은 이미 잠든 뒤였다.

결혼생활 일 년이 지나서도 태기가 없었다. 내심 초조해하고 있을 때 시어머니는 병원에 가자고 하셨다. 달갑지 않았지만 어쩌랴. 다행히 검사 결과 이상은 없었다.

시어머니는 한약까지 지어 오셨다. 익모초가 좋다며 그 쓴 물을 마시게 했다. 용하다는 한의사가 있다고 먼 거리도 마다않고 끌고 다니며 침을 맞혔다. 한약에, 쓰디쓴 약초에 침까지 맞으며 휘둘리다 보니 마음도 지치고 몸도 허약해졌다. 조금 기다려 주시면 좋으련만 내 입장은 생각해주시지 않았다. 그렇게 몇 개월이 또 지났다. 그 후부터 후렴구처럼 반복하시는 것이었다.

"쯧쯧, 나이가 많아서…."

아무리 정성껏 일해도 눈에 차지 않아 하셨다. 그뿐만 아니라 트집만 잡을 뿐이었다.

어느 날, 아파트 쓰레기통이 막혔다. 그때는 쓰레기를 위에서 아래로 떨어뜨리게 되어있었다. 우리 층 바로 밑에서 무엇이 막혔는지 쓰레기가 내려가지 않았다. 관리실 사람이 와 밑에서 뚫어보고 위에서 눌러도 보았지만 잘 되지 않았다. 그때 베란다 한쪽에 버티고 있는 시어머니의 다듬잇돌이 눈에 들어왔다. 육중한 돌덩어리. 쓸모없는 위용만을 자랑하며 자리를 차지하던 물건. 망설일 것도 없이 다듬잇돌을 번쩍 들어 올렸다. 냅다 쓰레기통에 던졌다.

"쿵!"

둔탁한 소리와 함께 쓰레기통이 뻥 뚫렸다. 순간 내 가슴속 체증도 쑤욱 내려가는 것 같았다.

그날 이후 가슴이 무겁고 답답할 때마다 시어머님의 옛 물건들을 없애기 시작했다. 창고 속 인두며 다리미 같은 것은 민예품 전시장으로 보냈다. 다음은 박달나무 홍두깨. 요강은 아예 깨뜨려 버렸다. 사기요강 깨지는 소리에 쾌재를 불렀다. 신기하게도 시어머니의 물건을 버릴 때마다 마음이 조금씩 가벼워졌다. 생활에도 활기가 돌아왔다. 그즈음에 태기가 있었다. 그제야 엉킨 실타래 같던 결혼생활이 술술 풀리기 시작했다.

시누이와 시동생들을 다 결혼시키고 이사하던 날이었다. 어머니는 당신 물건을 먼저 가져다 버리셨다. 철없던 신혼 시절. 나는 속죄하는 마음으로 어머니가 버리신 것들을 다시 들여놓았다. 그 모습을 물끄러미 바라보시더니 어머니가 한말씀 하셨다.

"애야, 이제부턴 네 살림을 해라."

내 손을 꼭 잡아 주셨다. 순간 그동안 쌓였던 앙금들이 녹아내리고 있었다. 후회가 밀려왔다. 조금만 참았더라면… 이런 날이 올 것을 예측하지 못했던 내 좁은 소견이 민망했다. 다시 할 수만 있다면 시어머니의 다듬잇돌을 되찾아 오고 싶다.

화석이 된 글

 대화역 근처를 가게 되었다. 그곳에 가본 지 아마도 6~7년은 되지 싶다. 3호선 전철을 타려고 하니 다시 만날 북한산이 생각나 첫사랑 만나러 가는 것처럼 가슴이 두근거렸다.

그때 집은 은평구에, 직장은 정발산에 있어서 불광역에서 3호선을 타고 출근했다. 모두가 서울을 향해 갈 때 나는 반대 방향으로 가니 전철 안은 붐비지 않았다. 특별한 경우 아니면 앉아서 갈 수 있었다. 특히 지상 구파발역에서 삼송역 사이에 있는 북한산이 보여주는 풍광은 언제 봐도 질리지 않았다. 봄에는 봄대로 여름이면 여름대로 계절이 주는 각각의 색깔은 경이 그 자체였다. 비 내리면

비 내리는 대로 눈 오면 눈이 쌓이는 대로 북한산은 자신의 모습을 그대로 보여주었다. 자연이 주는 가식 없는 편안함은 생활에 찌든 때를 씻어 주었고 새롭게 일어날 힘도 주었다.

날마다 다른 모습을 보여주는 잘생긴 북한산을 만나는 기쁨에 출근길이 기다려지기도 했다. 그 구간, 지하 구파발역에서 지상으로 나가는 경계에서는 설레기까지 하였으니 말이다. 첫사랑 애인을 다시 만난다는 기대로 그 풍경을 마주했다. 순간, 팽팽하게 부풀었던 마음이 쪼그라지기 시작했다.

'이건 뭐지. 여기가 왜 이렇게 된 거야!'

P사의 고층아파트가 떡 버티고 있었다. 잘생긴 북한산 한 부분이 사라지고 없었다. 맥이 풀렸다. 외마디 신음소리가 나왔다. 높은 건물 뒤로 북한산이 고개를 빼꼼히 내밀었다. 북한산을 잠깐 마주했다. 애인한테 배신당한 것처럼 속이 지글지글 끓어올랐다.

아니다 싶었다. 자본의 논리가 우선이고 작은 땅에서 여럿이 살아가야 하는 게 현실이라 해도 이건 너무했다.

변화도 좋고 발전도 좋다. 앞으로 나아가야 하는 것도 맞다. 건물을 짓더라도 환경영향평가와 같은 검증을 철저히 거치고 조망권을 어떻게 효과적으로 살릴지 정도는 고민해서 지어야 하지 않았을까.

얼마나 위안받고 치유받았던 자연의 그림이었던가. 진경산수화 같은 북한산 풍광이 산 따로 나무 따로 잘려져 있었다. 폭력이라는 생각까지 들었다. 떡하니 세워진 건물 너머에서 북한산이 애처롭게 나를 바라보고 있었다.

누군가가 말했다. 자연적인 파괴는 다시 재생되지만, 인간에 의해 파괴된 것은 되돌릴 수 없다고. 전철을 타고 바깥 풍경을 보면서 우리 아이들과 오래오래 기쁨을 나누려 했던 나의 조그만 소망이 모래성처럼 허무하게 무너졌다. 이곳을 지나며 지난날 썼던 내 글도 화석이 되어버렸구나 하는 참담한 생각이 들었다.

구파발역과 삼송역 사이

나는 3호선 전철을 타고 출근을 한다. 불광역에서 일산으로. 사람들이 모여드는 도심과 반대쪽. 그래서 내 출근길엔 러시아워가 없다. 덕분에 널찍한 자리를 차지하고 앉아 모자란 잠을 보충하기도 한다. 이렇게 여유 있고 편안한 출근 길이다보니 대기업 회장님이 부럽지 않다. 게다가 창밖으로 보이는 풍경이라니. 구파발을 지나 지상구간으로 나오면 만나는 북한산. 봄을 보고 여름을 즐기고 가을을 보내고 겨울을 맞는다. 계절마다 산수화처럼 펼쳐지는 산의 모습을 보며 일상에 찌든 나를 매일 세탁한다.

맑은 날 산은 모든 것을 보여준다. 미끄러질 듯 가파른 맨살의 바위들, 굽이치는 능선들, 겹겹의 능선과 그곳에 자리 잡은 빼곡한 나무들. 그렇게 산이 속살을 보이는 맑은 날은 기분이 가뿐하다. 삶의 더께가 벗겨지는 것 같다. 안개 낀 날에 산은 완전 오리무중이다. 그런 날은 괜히 나도 답답하다. 이 나이에도 사는 것은 여전히 오리무중이지 싶어서다. 바람이 불면 흔들리는 나뭇잎들을 보면 어수선한 내 마음을 들여다보는 것 같아 한갓지지 못하다. 비를 맞고 있는 산을 보자면 산다는 것 자체가 슬픈 일이구나 싶어 우울해지기도 한다.

때때로 회사생활이 지루하고 힘들게 느껴질 때가 있다. 먹거리와 잠자리 그리고 사회적 체면을 위한 한 벌의 옷을 위해 꿈을 펼칠 시간을 미뤄 놓고 무의미한 날들을 보내고 있다는 생각에서다. 지하철 3호선의 구파발과 지축

사이에 있는 북한산은 고된 일상에서도 다시 꿈을 생각할 수 있게 해준다. 그토록 오랜 시간 한자리에 있으면서 많은 사연과 풍파에 의연한 산은 내게 조용히 갈 길을 알려줄 것만 같다.

19세기에 하버드를 다니던 소로우는 자신의 모든 것을 버리고 2년간 월든 호숫가에 살며 자연과 조화를 이루는 삶이 주는 진정한 행복에 대해 책을 썼다. 그 책에서 받았던 똑같은 감동을 문명의 한복판 전철에서 지금 나는 보고 느끼고 물들어가고 있다.

삼송역부터는 사람을 보며 수행한다고나 할까. 나와 함께 전철을 타는 사람들에게 눈길이 간다. 언제부턴가 사람은 저마다 하나의 우주를 품고 있다는 생각을 했다. 한 생은 우주의 역사이니 얼마나 많은 서사를 간직하고 있겠는가. 맞은쪽 자리의 어르신들을 유심히 보곤 한다. 내 나이도 만만치 않지만. 주름진 얼굴은 그들이 살아온 내력을 말하는 것 같다. 환하게 웃는 웃음 뒤에는 그간 고단한 삶을 녹여내는 힘이 있는 듯하다.

내 앞쪽으로는 연세가 육십 넘은 분부터 칠십 대 후반 정도로 보이는 어르신 댓 분이 나란히 앉아계신다. 서로 아는 사이인 듯 친밀해 보인다. 나는 그분들이 사회적으로 문제를 일으켰던 약장수랄지, 의료기구 파는 곳에 가시는 줄 알았다. 한때 우리 시어머니도 그곳에 빠져 쓸데없는 물건들을 사들여 골치를 썩인 적이 있었다. 눈만 뜨면 부리나케 나갔다가 해가 져서야 돌아오시곤 했다. 한 보따리의 물건을 안고서 말이다. 그때 시어머님도 친구분들과 어울려 다니셨기에 그러려니 생각했다.

그런데 가만히 대화를 들어보니 모두 직장인이었다. 깜짝 놀랐다. 건물을 청소하거나 관리하는 일을 하시는 모양이었다. 출근길이라고 깔끔한 옷차림에 화장도 곱게 하셨다. 나이와 상관없이 예쁘게 보이고자 하는 본성이 느껴져 나도 모르게 빙그레 웃었다. 젊은이들보다 활기차고 행복해 보였다. 농사일보다 힘들지 않고 함께하는 동료가 있어서 좋다고 했다. 집에 있는 것보다 동네 노인정에서 무료한 시간을 보내는 것보다 훨씬 낫다고 했다. 거기다 매달 들어오는 월급은 무엇보다도 든든한 것이란다.
가끔 경비하시는 남자 분이 타면 차안은 야릇하게 술렁거린다.

"어매, 어쩐일이래유, 그동안 못 봐 쪼매 보고 싶었는데 오늘에서야 보네요."

반가운 웃음과 함께 누군가 농이라도 하면 전철 안은

화석이 된 글 221

까르르 웃음에 들썩거린다. 사춘기 소녀들 못지않은 묘한 기류가 흐른다. 그런 날 어르신들의 시간은 더 윤택해지는 것만 같다.

    요즘은 장수하는 시대다. 건강이 주어진 만큼 우리는 일을 해야 한다. 내 앞의 어르신들도 활기찬 노후를 보내기 위해서라기보다 생계비를 벌기 위해 일하는 현실이다. 그러나 그들은 당당하다. 긍정적이다. 당면한 현실을 받아들이고 소소한 일상을 즐겁게 이어간다.

오늘도 나는 지하철 3호선을 탄다. 북한산의 어떤 모습이 나의 마음을 건드려 줄지. 어느 어르신이 잊었던 웃음을 다시 웃게 할지 은근히 기대하면서.

전철은 내 마음을 아는지 모르는지 무심하게 지상 구간인 구파발역을 지나 지하 삼송역으로 철거덕거리며 들어갔다. 그 어둠 속으로 지난날 썼던 글이 화석이 되어 따라갔다.

다시 피는 산국화

 문학 첫 강의를 듣고 집으로 돌아오는데 감정이 벅차올랐다. 무엇을 시작한다 것이 이렇게 기쁘다니. 다시 태어나는 기분이었다. 집에 들어서자 먼저 클로드 체리의 클래식 기타 연주곡 〈첫 발자국〉을 찾아서 틀었다. 국화차도 준비했다. 환희에 찬 표정으로 찻잔 가득 피어오르는 꽃을 바라보며 감미로운 기타 소리에 긴장된 몸을 맡겼다. 나의 첫날을 자축하는 거였다. 온몸을 감싸는 기타 선율과 국화차 향기가 첫걸음마를 뗀 나를 축복해 주었다. 창밖에는 이르지만, 은총처럼 봄비가 내리고 있었다.

갱년기, 사춘기보다 더 아프게, 더 심하게 갈등을 겪던 터였다. 살아온 날에 대한 회한. 너무나 소모적인 삶이었다는 억울함, 원망 등 마음속 깊은 곳에서 끓어 넘치는 감정 때문에 갈피를 잡지 못하고 있었다. 나 자신을 찔러대던 마음속의 생채기는 급기야 내 주변의 사람들까지 찔러대기 시작했다. 비참했다.

더는 의미 없이 소비하는 나날을 보낼 수는 없었다. 감정을 추스르며 내 안을 깊숙이 들여다보았다.

'가장 하고 싶은 게 뭘까?'

'가장 잘할 수 있는 것은 무엇일까?'

가슴속 깊은 곳에서 조용히 떠오르는 것이 있었다. 그동안 잊고 있었던 나의 첫사랑 문학 병.

누구나처럼 나도 20대에 문학 병을 앓았다. 재능도 타고나지 못했고 열정도 부족했지만 막연히 문학을 동경했했다. 그 주변을 맴돌며 서성였다. 그렇게 지내고 있을 때 한 친구가 일침을 놓았다.

"그렇게 공부해선 주부 백일장도 못 나가, 이 사람아."

홍두깨로 맞은 것보다 더 아팠다. 그날로 나는 첫사랑인 문학과 인연을 끊었다. 주변의 친구들이 방송작가로, 시인으로 등단할 때마다 나의 문학 병이 도져서 아물기 힘든 상처가 덧났지만 내가 할 수 있는 것은 맘 아파하는 것과 그들을 부러워하는 것 외에는 없었다.

30여 년 묻어 두었던 꿈을 다시 시작할 수 있을까. 두려움과 걱정이 앞섰다. 마침 수필가로 활동하는 친구에게 조언을 구했더니 반색했다. 친구는 흔쾌히 공부할 수 있도록 길잡이를 해주었다. 고마웠다. 새로운 희망이 생겼고 뭔가 시작할 수 있다는 기쁨이 나를 감쌌다.

어렵사리 찾아가 드디어 수필 강의실 문 앞에 섰다. 심호흡을 하고 문을 밀고 들어갔다. 아늑하고 따뜻했다. 낯설지가 않은 것이 의외였다. 고향에 돌아온 듯 편안한 안도감마저 느껴졌다. 첫 강의에서 선생님께선 여러 나물류에 대해 말씀해주셨다. 그중 산국화는 꽃, 줄기, 잎, 뿌리까지 버릴 것이 하나도 없는 식물이라며 그 쓰임새를 자세히 설명해주었다.

언젠가 한 후배가 국화 꽃잎 말린 것을 차로 내어왔던 생각이 났다. 말라비틀어지고 잔뜩 움츠러든 볼품없던 꼬투리. 보잘것없어 보이던 그것이 찻잔 가득히 노란 국화

꽃을 피워 냈을 때의 경이로움이 고스란히 되살아났다. 향기조차 변하지 않은 채 은은히 피어올라 황홀했던 기억까지.

  국화차를 한 모금 마신다. 고매한 향기가 온몸으로 스며든다. 내 안의 모든 속기를 말끔히 씻어 줄 것만 같다. 찻잔 속에서 활짝 핀, 아니, 다시 핀 국화꽃을 가만히 들여다본다. 무슨 간절한 꿈을 꾸었기에 생을 마감하고도 또다시 피어날까. 순간 울컥해진다. 누군가의 고운 손길로 갈무리해 둔 꽃송이. 말라비틀어져 소멸하고야 말 존재였으나 다시 환생의 기쁨을 누린다. 나도 모르는 사이 내 가슴 한쪽에 산국화 몇 송이 버리지 못하고 갈무리해 두고 있었나 보다. 이제 그 꽃 꺼내와 정성으로 물을 주어 활짝 피워 내고 싶다.

  국화차 한 모금
  고매한 향기가 온몸으로 스며든다
  내 안의 속기를 말끔히 씻겨 낼 듯
  고운 손길로 갈무리한 꽃 한 송이
  찻잔 속 활짝 핀 꽃을 가만히 들여다본다

무슨 간절한 꿈이었기에 다시 피었을까
가슴 한쪽에 버리지 못한
말라버린 산국화 몇 송이
마음 다독여 다시 피고 있다

나비, 날다

5월이다. 남산 '문학의집서울' 행사에 와 있다. 무대에 꽃바구니가 놓여 있고 밝고 활기찬 분위기다. 식이 시작되자 이곳을 처음 걸음했던 날이 생각난다.

몇 년 전쯤이었다. 무기력증이 찾아왔다. 아무것도 하기 싫고 사랑하는 사람들도 보기 싫었다. 아니, 내 생활 내 환경 그 모든 것, 심지어 내 자신조차도 싫었다.
한 가정의 주부로서 사회인으로서 잘살아 왔다고 자부하던 터였다. 사는 것에 크게 불만도 없었다. 나름 열심히 일했고, 결과에 만족했다.
어느 날 갑자기 내가 보이지 않기 시작했다. 번데기 껍질 속에서 무력하게 살고 있었다. 삶이 터져 상처만 남아 있는 껍데기 속에 웅크린 내가 보였다. 어느 날 깨어 보니 벌레가 되어버린 《변신》의 주인공 그레고르 잠자처럼.

그 껍질 속에는 한 남자의 아내가, 아이들의 엄마가, 의무감만이 남아있는 며느리, 딸만이 남아있었다. 갑자기 조바심이 나고 답답하고 갈증이 나기 시작했다.

초조한 마음에 문화센터를 기웃거렸다. 하모니카도 배워 보고, 요가도 배웠다. 시간이 날 때마다 등산도 했다. 어떻게든 인생 후반의 허들을 뛰어넘어 보려 몸부림쳤다. 어떤 것을 해봐도 마음에 차지 않았다. 내면은 여전히 무엇인가를 달라고 보채고 있었다. 허기를 달래지 못해 여기저기 기웃거릴 즈음 우연히 서울 '문학의집서울'에서 시詩 강의가 있다는 공고를 보게 되었다. 매주 목요일에 있었다. 강연자 중에 내가 좋아하는 강은교 정호승 시인도 있었다.

무조건 등록했다. 문학을 좋아했지만 시를 쓰겠다고 생각해 보지는 않았다. 함축된 시어들이 주는 의미를 잘 읽어내지 못했고 내겐 너무 어려웠다. 산문 쪽을 좋아했던 나였지만 망설이지 않고 수강 신청하고 강좌를 듣기로 했다.

남산 자락에 '문학의집서울'이 있는 것도 그때 처음 알았다. 시 강의 첫날 물어물어 찾아갔다. 낮이라기엔 저녁에 가깝고, 저녁이라기엔 아직 밝은 개와 늑대의 시간쯤 도착했다. 아마 나의 내면도 그 언저리쯤을 지나고 있지는 않았을까. 간간히 떨어지는 낙엽이 나를 환영해주었다. 처음 갔던 그곳은 10월의 쌀쌀한 바람과 스산함이 오히려 마음을 편안하게 했다. 길 끝에서 만난 문학의 집은 새로운 세상을 열어주었다.

강의실에는 십여 명 남짓의 수강생들이 모여 있었다. 가볍게 눈인사를 하고 머뭇거리며 자리를 잡았다. 커다란 탁자 중앙에 강의할 선생님이 앉았고 양옆으로 네다섯 명이 마주 보며 앉았다. 시 강의를 들으러 왔다기보다 마치 회의를 하러 온 느낌이었다. 낯선 얼굴들이 마주 보고 있자니 잠깐 어색했지만 시를 가까이하는 정서가 비슷해서인지 금방 친숙해졌다.

3개월 과정이었다. 첫 달은 백석 논문으로 박사학위를

받은 평론가의 강의였다. 백석은 낭만적인데다가 유명한 연애 사건의 스토리가 있는 잘생긴 시인이어서 재미있었다. 〈나와 나타샤와 흰 당나귀〉를 읊을 땐 푹푹 내리는 눈처럼 떨어지는 낙엽이 안타까웠다. 난 백석의 나타샤가 되어 눈 내리는 그 산골로 가고 싶었다.

두 번째 달에는 강은교 시인이 부산에서부터 어려운 걸음을 했다. 시집을 대 여섯 권 냈고, 좋은 시도 많은데 아직도 강은교 하면 〈우리가 물이 되어〉만을 기억해서 갑갑하다고도 했다.

'나도 그 시밖에 모르는데….'

뜨끔했다. 1986년 발표된 시인데 대중들이 그 시만을 기억하고 있으니 자기가 그 후에 써놓은 시들은 무의미한 것 같다고, 시는 안 쓰고 시인의 이름으로만 산 것 같다며 말씀하실 때 독자로서 반성도 했다. 유명 시인도 나와 비슷한 고민을 하는구나 하는 생각에 친밀감도 생겼다.

세 번째 달 정호승 시인의 진솔하고 이웃집 오빠 같은 모습은 문학을 더 가깝게 알게 해주었다. 시인의 말씀 중에 "희망이 희망을 주기보다는 절망이 오히려 희망을 준다"는 말은 내게 큰 울림으로 다가왔다.

 종강하는 날 주최 측에서 간단한 다과를 준비해 주었다. 함께 강의를 들으면서 오랜 친구 사이가 되어버린 우리들은 즉석에서 막걸리 파티를 했다.

 적잖은 세월의 동산을 훌쩍 뛰어넘었다. 젊은 날 앞길이 보이지 않던 작은 애벌레가 보였다. 문학의 'ㅁ' 자도 모르면서 수많은 말들을 늘어놓던 시절. 왜 쓰고 싶은지도 모르면서, 글 한 줄을 쓰기 위해 밤새 뒤척이던 날들. 고민하고 방황하고 절망하며 고통을 잊고자 헤매고 다녔던 잊고 있었던 지난날들이.

 일상 속 찌든 때가 벗겨지고 익숙했던 관념들이 날아가고 초점 잃은 눈은 생기를 되찾았다. 그 순간 다 잊었다. 나라는 존재만 생각했다. 엄마, 아내, 며느리, 딸… 주렁주렁 매달린 꼬리표를 떼었다. 마음 가득 '한승희' 내 이름이 출렁거렸다. 그토록 찾았던 목마름을 해소하는 샘을, 강을, 바다를 만났다. 남은 삶의 시간에 내가 해야 할 것들이 분명해졌다. 해야만 했다.

 껍질 바깥의 세계를 꿈꾸며 나는 나비가 될 준비를 했

다. 날고 싶었다. 푸른 하늘을 날아본다면 더 바랄 것도 없겠지. 날개를 말리지도 못한 채 사라진다 해도 힘껏 파닥여보고 싶었다. 다시 뒤집어써야 하는 껍질이 더 이상 버리고 싶은 것만은 아니었다. 그 속에서 나를 담금질할 시간이 기다리고 있었다.

 상념 중에도 행사는 계속된다. 단상 위에는 박수를 받는 많은 나비들이 날고 있다. 이제 나도 탈피에 탈피를 거듭해 오월의 하늘로 날아오르련다. 날개를 활짝 펴고 자유롭게!

불광문고

 2021년 8월 19일 한 통의 문자를 받았다.

안녕하세요. 불광문고입니다. 변화하는 시장 상황으로 인한 매출 감소로 부득이하게 영업을 종료하게 되었습니다. 그동안 불광문고를 사랑해주시고 이용해 주신 모든 분께 진심으로 감사드립니다.

영업 종료일 2021년 9월 5일(일)
할인행사: 영업 종료일까지
 -도서: 전 품목 10% 할인
 -문구: 전 품목 30~50% 할인

'불광문고가 없어진다고?'

불광문고는 내게 아지트 같은 곳이었다. 책 사는 거 말고도, 사람을 만나기도 하고, 시간 보낼 장소가 없거나 심지어 남편과 다투고 갈 곳이 없을 때 찾던 곳이기도 하다. 혼자 시간 보내기 안성맞춤이었는데…. 든든한 친구 하나 잃은 기분이랄까, 허전하기 그지없었다.

그다음 날 은평구 온라인 청원으로 '은평구 지역 서점을 지켜주세요'라는 서명운동 글이 올라왔다. 바로 서명을 하였다. 하루 만에 구청장 답변 요건인 500명의 동의를 얻었고, 일주일 후에는 1,500명 이상이 지지했다 하니 많은 이들이 불광문고에 대한 애정이 깊다는 생각에 연대감마저 생겼다. 청원문을 쓴 주민 모임 '불광동 친구들'은 지역 서점은 지역 고유문화와 정체성이 만들어지는 공공의 장인데, 25년이란 세월을 쌓은 불광문고의 의미는 매우 크다면서 아쉬움을 토로하였다.

구청과 주민 모임 등 여러 곳에서 힘을 모은다고는 하나, 현실적으로 건물주가 임대료를 대폭 낮춰 줄 리도 없고, 구청도 개인의 한 서점에 특혜를 줄 수도 없을 테니 불광문고를 지키기는 어려워 보였다. 그래도 은평 구민으로서 지역사회의 연대의식을 응원하고자 현장에 가보았다. 불광문고 간판을 한참이나 쳐다보았다. 서점에 들어서니 꽤 많은 사람이 서가를 오가고 있었다. 나도 그들과 섞여 소장하고 싶은 책들을 찾았다. 책이 빠진 서가는 헐렁했다. 천천히 둘러보는데 눈에 띄는 책이 있었다. 김훈의 《자전거 여행》 1, 2권이 나란히 꽂혀 있어서 망설임 없이 빼 들었다. 이사하면서 잃어버린 대학 은사님의 시집도 찾아냈고, 요즘 젊은 시인들의 시집도 몇 권 집어 들었다. 유발 하라리의 《사피엔스》는 망설이다 그냥 내려놓았다.

문구 쪽 진열장은 거의 비다시피 했다. 빈 진열장을 보고 있자니 우리가 아무리 노력하여도 대세를 거스를 수는 없겠구나 하는 생각에 울적해졌다. 욕망을 충족시키는 물건을 살 때는 언제나 기분이 좋았는데 오늘은 뭐랄까 옛 애인과 이별하는 선물을 고르는 것처럼 마음이 무거웠다.

불광문고는 1996년 서울 은평구 불광동에 문을 열었다. 문제집이나 참고서를 파는 학교 앞 문구점이 전부였던 지역에 처음으로 단행본을 대거 취급하는 중형서점이 생긴 것이다. 원하는 책을 대형 서점이 있는 종로까지 나가지 않고 살 수 있었고 그만큼 절약된 시간을 서점에서 보낼 수 있어 즐거웠다. 지역민들의 작지만 소중한 문화 공간의 역할을 톡톡히 하던 곳이었다.

25년 동안 자리를 지키며 최선을 다했지만 2015년부터 적자가 누적되어 직원들 월급도 3년째 동결된 상태라고 한다. 서점대표는 폐점 계획을 알리고 거래처와 손님들, 직원들에게 피해가 가지 않도록 꼼꼼히 챙겼다고 하는 소식을 들었다. 노사협의가 제대로 안 돼 거리로 뛰쳐나와야 하는 노동파업시위대를 자주 보곤 하는데, 불광문고의 처신은 달랐다. 직원들이 서점을 지키기 위해 고군분투한다니 그들이 함께한 세월이 어떠했는지 알 것 같았다.

내가 은평구에 이사 온 것이 2006년경이니 꽤 오랜 시간 이 서점을 애용한 셈이다. 불광문고가 새롭게 실내장식했을 때 어린이와 유아를 위한 그림책 판매대가 한쪽에 넓게 만들어져 있는 것이 참 마음에 들었다. 아이들이 유치원 다닐 때 그림책을 사주러 가면 좁은 통로에서 책 고르랴, 아이들 챙기랴 힘들었던 것을 떠올리며 공간을 넓게 기획한 배려를 보고 서점 주인장님의 따뜻한 마음에 감동했다.

이미 우리 생활 속에 많이 들어온 전자책이 그렇고, 온라인으로 할인된 도서를 사는 것이 거의 생활화 되어있으니 오프라인 서점은 웬만한 대형서점 아니면 버티기 어려운 형편인 것이 사실이다. 나마저도 책을 지인에게 선물할 때면 온라인으로 구매한 뒤 직송하니 말이다.

9월 5일 서점이 문을 닫는 날이었다. 다시 불광문고를 찾았다. 서점과 세월을 같이하느라 머리가 희끗희끗한 대표님과 자상한 인상의 사모님이 서점 입구에 들어오는 손님들에게 꽃 한 송이씩을 나눠주고 있었다.

"그동안 애용해 주셔서 고마웠어요."

나도 꽃을 받아들고 손을 잡으며 인사했다.

"고마웠어요…."

방구석 휴가

 결국 우리 집도 코로나19에 점령당했다. 큰애가 확진받고 둘째에 이어 나까지 감염되었다. 우리는 3차 접종을 마쳤음에도 불구하고 확진자가 되었다. 생활의 질서가 깨졌다. 좁은 집에서 서로 마주치지 않으려 방방이 갇혀 서로 시차를 두고 거실로 나오고 화장실을 다녀야 했다. 일상은 무너지고 집 안 생활은 살얼음판이 되었다.

바이러스는 온몸을 쑤시고 아프게 했다. 머리도 기분 나쁘게 지끈거렸다. 저절로 양미간이 접혔다. 가시를 넘기는 듯 침 삼키기조차 힘들었다. 목구멍이 간질간질하며 기침이 쉴 새 없이 나왔다. 기침하고 나면 진이 다 빠지고 침대에 쓰러졌다. 목소리는 쩍쩍 갈라져 사람의 소리인지

원숭이의 소리인지 구분이 안 될 지경이었다. 우리는 문자메시지로 의사소통을 해야만 했다. 집 안은 무거운 침묵에 잠겼다.

때맞춰 밥 차릴 일도, 아침에 출근하는 것까지 면죄받았다. 반복되는 일상이 헤어나지 못할 족쇄 같았는데 코로나 덕분에 해방되어 또 다른 족쇄를 차는 아이러니였다. 나는 휴대폰과 노트북을 챙겨 TV가 있는 안방에 입성해 똬리를 틀었다. 이참에 오로지 내게 허락된 일주일을 집중해보려고 했다. 휴가 중에도 최고의 휴가를 받은 셈이었으니까.

첫째 날

확진자가 되었다는 사실이 겁이 났다. 이러다 털고 일어나지 못하는 것은 아닌지 별별 생각에 잠을 설쳤다. 무슨 일이 있겠어? 마음을 다독이면서도 걱정을 떨쳐내기 힘들었다. 당장 식구들 밥걱정이 덮쳐왔다. 남편은 삼시 세끼 밥을 안 먹으면 큰일 나는 사람이었다. 평생 밥을 책임지던 사람이 몸져누워 있으니 안절부절못하고 있을 터

였다

"내 걱정하지 말고 몸조리 잘해서 빨리 나을 생각이나 해."

평소보다 더 다정한 전화 목소리였다. 저녁은 자기가 알아서 할 테니 걱정하지 말라고 큰소리까지 치더니 현관 여는 소리가 들렸다.

한참 만에 남편이 돌아왔다. 우리가 잘 가는 국밥집에서 포장을 해왔다. 쌀을 씻어 밥을 하고 국밥과 함께 방마다 밥을 넣어주고 나서야 남편도 저녁을 먹는 소리가 들렸다. 모래를 넘기듯 침 삼키기도 깔깔했는데 따뜻한 밥이 잘도 넘어갔다. 나 없으면 굶어 죽을 사람이라고 생각했는데 척척 해결했다. 밥 문제가 풀리니 마음이 한결 가벼워졌다. 첫날은 밥 걱정하느라고 아픈 것도 모르고 지나갔다.

둘째 날

목이 부어서 목소리가 나오지 않았다. 침 삼키는 건 고사하고 열까지 올랐다. 온몸이 기운이 없고 늘어졌다. 약을 먹어도 목 아픈 것이 가라앉지 않아 다시 약을 지어왔다. 온몸이 방망이로 맞은 듯 쑤시고 숨쉬기가 힘들었다. 문득 저 방문을 못 벗어난다면 어쩌지? 불길한 생각이 들자 진짜로 겁이 났다. 그나마 약 기운에 취해 아픈 것도, 쓸데없는 생각도 잊을 수 있었다.

셋째 날

아침을 먹고 나서부터 목 아픈 것도 몸살 기운도 차츰 줄어들었다. 남편이 넣어 준 사식을 먹고서 기운이 난 건지도 몰랐다. 비로소 방 안이 눈에 들어왔다. TV를 켜고 영화를 검색했다. 메릴 스트리프의 〈줄리 앤 줄리아〉. 누군가가 시간은 비고 생각은 많고 해외여행도 가고 싶을 때 보면 좋은 영화라고 했던 말이 떠올랐다. 메릴 스트리프가 만드는 소스를 손가락에 찍어 맛보는 장면은 입맛을 다시게 만들었다. 갑자기 배가 고파졌다. 과자부스러기를 먹으며 시리즈로 상영됐던 〈레드〉, 〈블루〉, 〈화이트〉까지 3편을 몰아 보면서 슬슬 나는 그 시간이 즐거워졌다. 아무도 방해하지 않는 덤으로 얻은 시간!

넷째 날

몸이 훨씬 가벼워졌다. 기분도 좋아졌다. 툭툭 털고 일어나 일상생활을 해도 지장이 없을 정도로 말짱했다. 진종일 영화를 봤으니 오늘은 노트북을 켜고 브런치도 읽고 유튜브도 보았다. 그도 시시해지면 책꽂이에 있는 책을 읽었다. 김승옥의 〈무진기행〉이나 김훈의 《칼의 노래》를 다시 읽으며 예전과는 다른 느낌이 들어 새로웠다. 마치 처음 읽는 얘기처럼 생소한 부분도 많아 뭘 읽었나 하는 생각이 들었다.

책을 읽다가 지치면 하모니카를 꺼내 불었다. 오래전에 배워 잊은 줄 알았는데 〈개똥벌레〉는 기억이 났다. 몇 번이나 불었는지 입술이 아팠지만 새로운 기운이 솟아났다. 혼자서도 이렇게 잘 놀다니. 갇혀 사는 게 즐거워지고 있었다.

다섯째 날

한계가 왔나? 밖으로 나가고 싶어 좀이 쑤셨다. 뭘 하지? 얼마 전 배우기 시작한 문인화 연습이나 해 볼까. 먹과 붓을 꺼내고 화선지를 펼쳐놓았다. 물을 뜨러 밖으로 나갔더니 거실은 적막강산이 따로 없었다. 딸애들 방 앞에서 잠시 귀를 기울이다가 그냥 돌아섰다.

 화선지 위에 배워둔 목단을 그리기 시작했다. 꽃잎을 그리고 꽃잎 끝 붉은색에 농담을 줄 때는 온 신경을 모았다. 붓을 빨고 초록색으로 잎을 그리고 먹을 찍어 잎맥을 쳤다. 노란색으로 꽃술도 그려 넣었다. 드디어 모란꽃 다섯 송이가 방 안 가득 피어났다.

여섯째 날

 두 딸이 먼저 격리 해제되었다. 밖에서 왔다 갔다 하는 소리를 들으니 이제야 사람 사는 집인가 싶다. 나가고 싶은 맘을 누르고 책을 꺼내 읽었다. 노트북에 글도 썼다. 그도 지치면 TV를 켰다. 하모니카도 불어보고 휴대폰 게임도 하고 그것도 지루하면 침대에서 뒹굴뒹굴했다. 그렇게 놀다 보니 하루가 저물었다.

 딱 하루만 견디면 나도 일상으로 복귀해야 한다. 벌써 여섯 번의 해가 뜨고 졌다. 살면서 언제 한번 이토록 자유로웠나 하는 생각이 밀려왔다. 비록 좁은 방에 갇혀 몸은 구속되었지만, 마음은 온 세상을 훨훨 자유롭게 날았다.

일곱째 날

방구석 휴가가 끝이 났다. 나만의 공간도 사라졌다. 비록 바이러스 감염 격리 중이었지만 오롯이 나와 마주했던 일주일이었다. 행복한 휴가였다. 다시 현실로 돌아와 반가운 것도 있지만 고립된 그 '절대 자유공간'을 잊지 못하고 있다.

신인류로 진화 중

딸들에게 애걸하며 도움을 받는 것이 치사했다. 메일을 보내거나 컴퓨터를 써야 할 경우에도 그랬다. 더구나 작은 애가 고3이 되고 큰애가 기숙사로 이사나간 이후의 난감함이라니.

'이참에 자립하는 거야!'

선언하고 컴퓨터를 배워 보려 집 근처 여성인력개발원에서 상담했다. 마침 적당한 교육이 있다며 추천해 주는 반을 수강하기로 했다. 반 이름도 거창한 '중소기업 멀티사무원 양성 과정'.

그곳에 가니 열댓 명의 학생들이 있었다. 대부분 30대 후반이었고 50대 후반에서 60대 초반은 나를 포함한 세

명이었다. 강의가 시작되니 역시나 우리는 어물전 꼴뚜기 신세였다. 손은 왜 그리 느려터지던지. 마우스 클릭도 제대로 안 되는 것이었다. 선생님이 인내심을 가지고 천천히 설명했다.

"마우스에 손을 올려놓고 빠르게 따닥 두 번 해주세요."

그런데 왜 '따닥'이 내가 하면 '따아아아닥'이 되느냐 말이다! 클릭부터 안 되니 다음 단계로 나아가는 데에 발목을 잡는 것이었다. 처음부터 진땀 나는 시간이었다. 젊은 수강생들은 전산 세무회계 자격증을 가진 사람도 있었고 직장에서 컴퓨터를 다루던 사람들이었다. 그러니까 좀 더 다양한 기능을 배우러 온 반이었는데 웬 원시인 아줌마가 앉아 있었으니.

일주일 지나 '따닥'이 해결되니 이젠 화면 위에 있는 도구 창을 못 찾아 헤매기 일쑤였다. 도구 창을 겨우 찾아 작업을 수행하려 하면 강사는 이미 진도가 나가서 따라갈 수가 없었다. 얼마나 창피하던지 몇 번이나 책가방을 싸고 싶었다. 손을 놓고 있다가 쉬는 시간이나 수강생들이

업 수행하는 시간에 짬을 이용해 강사나 짝꿍에게 묻기를 되풀이하며 힘겹게 수업을 따라갔다. 나이를 무기로 한 뻔뻔함이 도움이 되기도 했다.

"어휴 그래도 그 나이에 언니는 잘하시는 거예요."

젊은 짝꿍의 립서비스에 우쭐하기도 했다. 그럭저럭 칸도 만들고 글씨체도 바꾸고 표도 만들었다. 묻고 물어서 그림 위에 그림도 그려 넣을 수 있게 되었다. 하루 네 시간 동안 어려운 컴퓨터와 씨름하다 보면 머리가 횅해지며 녹초가 되곤 하였다.

나는 왜 이리도 기계치인지. 뭘 건드린 것도 없는데 고장이 났다. 새로 산 라디오는 내가 만지면 소리가 안 났고, 새로 산 오디오는 내가 음반만 걸면 돌아가지 않았다. 한번은 친구가 새로 산 카메라를 들고 꽃구경 가자 해서 따라갔다. 그런데 내가 사진을 찍고부터는 작동이 되지 않았다. 수리점에 갔더니 뭘 건드렸는지 완전히 고장 났다고 해서 낭패를 본 적도 있었다. 이런저런 이유로 나는 기계 만지기를 두려워했다. 부득이한 경우 아니면 절대로 만지지 않았다. 기계가 아닌 것이 거의 없는 요즘.

하다못해 식당이나 커피집도 키오스크로 처리하는 곳이 점점 늘어나고 있다. 돌도끼나 가지고 살아야 할 내가 감당해야 할 현대문명은 공포나 다름없다.

결국 컴퓨터 배우기를 포기했다. 4개월쯤 지났을까. 공부했던 곳에서 연락이 왔다. 기초반이 있으니 다시 배워 보지 않겠느냐고 부추겼다. 주저하다가 다시 도전해볼까 하여 수강 신청했다.

웬일인가? 아주 쉬웠다. 전에 상급 과정에서 배운 덕분인지 강사의 말이 귀에 꽂혔다. 희망이 보였다. 웃기는 건 내가 짝꿍이 못 찾는 걸 도와주는 실력이라는 것이었다. 이럴 때도 있어야 사는 게 즐겁지 않은가.

컴퓨터를 배워 보니 복사(ctrl+c)와 붙여넣기(ctrl+v)에 묘미가 있었다. 복사와 붙여넣기를 하면 새로운 자료가 만들어졌다. 강사도 우스갯소리로 복사와 붙여넣기만 잘해도 컴퓨터를 반 이상은 안 것이라고 했다.

대학 시절 리포트를 쓸 때 이 책 저 책 짜깁기해서 제출해 좋은 점수를 받곤 했다. 한때 내 별명이 '짜깁기 공주'였다. 그 실력을 십분 발휘해서 요리조리 문서를 다운 받아 복사와 붙여넣기를 적절히 해서 새로운 형태의 문서나 자료를 만들어 보는 재미가 쏠쏠했고 강사의 칭찬에 자신감도 생겼다.

선무당이 사람 잡는다고 했던가. 다른 이들을 알려줄 정도가 되니 은근히 컴퓨터 활용능력 2급 자격증을 취득하고 싶어졌다. 원장선생님과 상담하니 좋은 생각이라며 적극적으로 후원해주었다. 나는 호기롭게 컴퓨터활용능력 2급 필기시험을 접수하고 시청 근처 대한상공회의소로 시험을 보러 갔다. 생전 처음 컴퓨터에 앉아 시험을 보자니 바싹 긴장이 되었다. 수험번호와 이름을 치는데 키보드 자판이 제대로 보이지 않았다. 혹여 실수라도 하면 어쩌나 싶어 손이 덜덜 떨렸다. 심장이 오그라드는 긴장감으로 시험을 어찌 봤는지 기억도 나지 않았다.

시험은 보기 좋게 떨어졌다. 창피해서 쥐구멍에라도 숨고 싶은 심정이었다. 학원에 가기도 싫었고 딸들과 남편에게도 뭐라고 해야 할지. 왜 자격증을 딴다고 쓸데없는 호기를 부렸을까? 나름 열심히 공부했다. 모의고사 문제도 많이 풀었고 점수도 잘 나왔는데. 떨어진 사실을 받아들이기가 힘들었다. 컴퓨터에 정이 뚝 떨어졌다. 한동안 컴퓨터와 멀어졌다.

글을 쓰기 시작하면서 어쩔 수 없이 다시 컴퓨터와 마주할 수밖에 없었다. 희한한 일이었다. 내가 컴퓨터를 아무 문제 없이 다루고 있지 않은가. 문서 작성은 물론 인터넷 카페 블로그 댓글도 도움 없이 잘 해내고 있었다.

어느새 나는 의식도 못 하는 사이에 돌도끼 구석기인에서 신인류로 거듭나고 있었다. 더 알아야 할 것이 많으니 아직은 신인류로 진화하는 중이라 해야 맞을 듯싶다.

동지팥죽

 시장을 지나가는데 사람들이 길게 줄 서 있었다. 무슨 일인지 궁금했다.

"왜 이렇게 줄을 서 있는 거예요?"

"팥죽 사려고요."

아! 동짓날이구나. 추운 겨울날 온 가족이 둥근 상에 빙 둘러앉아 새알심 동동 뜬 뜨거운 팥죽 한 그릇을 호호 불며 먹었는데···.

하얀 김이 가득 찬 주방 안에서 할머니 한 분이 연신 팥죽을 휘젓고 있었다. 팥은 오래 삶아야 해서 집에서 쑤는 게 여간 번거로운 게 아니다. 먹고 싶어도 집에서 쑬 여력이 없으니 나도 한 그릇 사가고 싶어 긴 줄 끝에 섰다.

어릴 적 동짓날이면 엄마는 팥죽을 끓이셨다. 없는 살림에 맛도 없는 팥죽은 왜 끓이느냐는 아버지의 성화에도 말없이 한 솥을 끓여 냈다. 집안일이 만만치 않은데도 팥을 불리고, 삶고, 걸러내는 번거로운 일을 마다치 않고 팥죽을 끓이셨다. 김이 펄펄 나는 가마솥에서 한 그릇 가득 담아 주셨다.

"뜨듯할 때 어이 먹어라. 배고프다 말고 많이 먹어라."

부드러운 팥물에 띄운 동글동글 새알심은 얼마나 쫀득했던지! 모락모락 올라온 김은 한겨울 으슬으슬한 한기를 확 내쫓아 주었다. 희끗희끗 보이는 새알심을 제 나이만큼 먹겠다고 동생들과 다투며 숟가락을 휘저어 기를 쓰고 찾기도 했었지. 마땅찮아하며 엄마에게 구시렁대던 아버지도 우리 곁에서 말없이 팥죽 한 그릇을 비우셨다.

우리가 다 먹으면 엄마는 팥죽을 양푼에 가득 담아 앞집, 뒷집, 옆집, 동네 아는 집 모두에게 돌렸다.

"동진가 보네! 승희 엄마가 팥죽 끓인 것을 보니."

심부름하기 싫어 입이 댓 발 나온 나에게 미자 엄마도 명숙 엄마도 함박웃음으로 팥죽 그릇을 받아 들었다. 그

웃음이 화사해 뾰조록이 나왔던 내 입이 쏙 들어갔다. 매사에 이렇다 저렇다 말씀이 없으셨던 엄마는 팥죽 심부름 시킬 때만은 엄격하셨다. 우리만 먹지, 왜 이렇게 많이 쑤어 온 동네에 퍼 나르는 거냐며 투덜거리는 나에게 그러면 못쓴다 달래며 기어이 팥죽을 들려 보내시곤 하셨다.

어느 해는 동네 아주머니들이 우리 집에 모였다. 뜨끈한 방바닥에 둘러앉아 창호지 문으로 빗겨 드는 겨울 낮의 여린 햇살을 맞으며 팥죽을 달게 먹었다. 그 시절 팥죽은 이웃들과 정담을 나누며 영혼의 허기를 달래는 음식이었으리라. 바로 옆집에 누가 사는지도 모르고, 엘리베이터에서 만나 눈인사도 안 하는 요즘을 생각하면 콩 한쪽도 나눠 먹던 예전이 그리워진다.

그렇게 온 동네가 분주하게 팥죽을 쒀먹으며 지내도 마냥 길기만 했던 겨울밤. 열악한 전기 사정에 자주 불이 나가서 깜깜한 어둠 속에 어떻게 시간을 보내야 할지 황당하던 시절이었다. TV도 없고 라디오도 듣지 못했던 때에 우리는 팥죽으로 든든한 배를 두드리며 따뜻한 아랫목 이불 속에 발을 들이밀고는 엄마가 들려주는 옛날이야기에 귀를 기울였다. 〈팥죽 할머니와 호랑이〉는 얼마나 재미있었던지! 호랑이에게 팥죽을 쒀준 할머니가 꼼짝없이 잡아먹히게 생겼을 때 엄마는 그 절실함을 어찌나 잘 구연하시던지 나는 간이 콩알만해져 숨쉬기도 힘들 지경이었다. 할머니가 죽게 되었을 때 나타난 알밤, 자라, 쇠똥 등이 지혜를 발휘해 할머니를 구하고 다 함께 맛난 팥죽을 먹는 장면은 두고두고 통쾌하고 재미있었다.

우리 가족은 팥죽 한 그릇을 나누면서 서로에게 알밤이 되기도 하고 자라가 되기도 쇠똥이 되기도 하면서 어려움을 같이하고 무거운 짐은 나누어 지며 살아왔다. 팥죽할멈이 팥죽을 쑤어 나누며 호랑이 같은 인생사 어려운 고비를 피해 갈 수 있었던 것처럼 말이다.

'동짓날 팥죽 한 그릇은 일 년 열두 달 보약보다 낫다.'란 말이 있다. 한 해의 액운을 없애고 잘 지내자는 뜻이겠지만, '팥죽 할머니' 이야기처럼 따뜻한 마음이 보약보다 낫다는 말 아닐까 싶다. 겨우내 언 땅에 움츠린 푸성귀도도 동지가 지나면 땅속에서 봄을 준비한다. 밤이 제일 길다는 동지, 정점을 찍었으니 이제 낮이 길어질 일만 남았다. 머잖아 땅 껍질이 들썩들썩해지며 푸른 생명이 움트리라. 이제 봄을 기다리며 따스한 희망을 품을 일 아니겠는가.

긴 줄이 어느덧 줄어서 내 차례가 되었다. 뜨끈한 팥죽 한 그릇 사서 엄마 집으로 가야겠다. 오랜만에 팥죽을 먹으며 옛날이야기나 들려달라고 응석이나 부려볼까 보다. 풍선처럼 부풀어진 팥죽 봉지를 받아들고 배시시 웃음을 흘리며 따스한 봄을 벌써 느낀다. 희미한 겨울 햇살이 내 얼굴을 간질인다.

끝나지 않은 항해

등 떠밀리듯 서울을 떠났다. 내 나이 스물. 의지와 생각과 상관없이 부산행 열차를 탔다. 모로 가도 서울로 가라 했고 꿈의 촉각을 모두 서울로 세우고 있을 때. 나는 영문도 모르고 끌려가는 소처럼 그렇게 부산으로 갔다. 친구들이 대학 캠퍼스로 꿈을 찾아 떠나는 찬란한 봄날. 나는 시린 등을 돌린 채 암울한 봄을 맞이했다.

내 스무 살의 봄은 잔인했다. 대학입시에 실패했고 아버지의 사업은 부도가 났다. 길바닥에 나앉는 신세가 된 우리 가족은 대방동 허름한 방을 얻어 갔다. 대충 일을 수습한 아버지는 돈벌이하러 쿠웨이트로 떠났다. 어찌됐든 살아야 했기에 엄마는 보험회사로, 나는 유치원 보조교사

일을 했다.

　부산에서 약국을 하던 사촌언니가 우리 형편을 알고는 연락을 했다. 내가 약국 일을 봐 주면 좋겠다고. 엄마에겐 거액의 보험을 들어줬고 나에겐 아르바이트 보수 3배의 금액을 제시했다. 빠져나갈 수 없는 그물에 걸린 물고기 신세. 선택의 여지도 없었다.

　약국은 시장으로 들어가는 골목 끝에 있었다. 지저분하고 어지럽고 북적거리는 곳에 가장 번듯한 3층 건물이었다. 1층은 약국, 2층은 세를 주었고, 3층은 사촌 언니네 살림집이었다. 나는 2층에 있는 방에 짐을 풀었다. 생애 처음 가져 보는 나만의 방이 생겼기 때문이었을까. 그나마 마음이 조금은 풀어졌다.

　2층 내 방 창문을 열면 바다는 보이지 않았지만 비릿한 바닷바람이 불어와 항구도시에 와 있음이 실감났다. 방에 올라와 쉴 때 가끔씩 들려오는 뱃고동 소리는 나를 떠나온 서울로 이끌었다. 그런 날이면 책상 위에 나란히 앉아 있는 못난이 삼형제 인형에게 약속을 했다. 꼭 대학에 갈 거라고. 약국 생활은 쉽지 않았지만 공부도 게을리하지 않았다.

새벽 다섯 시에 약국 문을 열었다. 새벽시장으로 장사하러 가는 사람들에게 강장제를 팔기 위해서였다. 대부분 남루한 옷을 여러 겹 껴입은 아주머니들이었는데 함지박과 수건을 들고 잠이 덜 깬 부스스한 얼굴로 약국 문을 열고 들어섰다.

"이걸 묵어야 힘 나제."

박카스와 영양제 한 알을 넘기면서 하시는 말씀이었다. 씨익 웃는 그분들에게는 버거운 삶의 누추함보다는 가족의 생계를 짊어지고 나서는 결기가 생명력으로 힘찼다. 그녀들의 활기는 우울한 나에게 견딜 힘과 희망을 주었다.

약국 위쪽에는 공장이 있었다. 출근길에 날마다 변비약을 사가는 이십 대 후반의 아가씨가 왔다. 창백한 피부에 깡마른 몸매, 기운 없는 걸음걸이로 말없이 들어섰다. 약 진열장 유리 위에 돈을 놓으면 나도 말없이 약을 주었다.

"저 약을 저렇게 먹으면 안 되는데…."

약사언니가 혀를 차며 말했다. 얼마나 배설하고 싶은 것이 많으면 날마다 털어 넣어서는 안 될 약을 그렇게 삼키는 걸까 안쓰럽고 궁금하기도 했다. 약국을 나서는 그녀의 뒷모습은 가녀린 어깨에 무거운 짐을 지고 있는 듯 보여 슬그머니 눈을 돌렸다. 마치 나를 보는 것 같아서 우울해졌다.

약국 한쪽에서는 담배를 팔았다. 기억에 남는 손님 중 한 분은 신부님이었다. 성당에 다니는 언니는 신부님이 오시면 박하향이 나는 담배 한 보루를 챙겨 드렸다. 성당에 다니지 않는 나는 그때 돈도 내지 않고 맡겨둔 것을 당연한 듯 받아가는 신부님을 곱지 않은 시선으로 바라 봤다. 항상 퉁명스럽게 담배를 건넸다. 신부님은 내 속을 아셨을 텐데 늘 미소를 지었다. 성직자이기 이전에 세상을 살아가는 한 인간이란 걸 알기까지 오랜 세월이 걸렸다.

약국 유리창 너머는 시장이어서 항상 시끌벅적했다. 힘겨운 생활이었지만 열심히 사는 이들의 생생한 삶의 현장이었다. 날마다 드잡이가 벌어졌고 막걸리 한잔으로 만족해하는 껄껄거리는 웃음도 있었다. 무엇이 삶의 동력이 되는지 어렴풋이 알아갔던 것도 그때가 아닌가 싶다.

약국 일이 끝나고 내 방으로 올라가면 서울 집과는 멀리 떨어져 있음을 일깨웠다. 조그만 옷 보따리 하나 달랑 있는 좁은 방이 내 현실이었지만 보이지는 않아도 가까운 곳에 끊임없이 파도가 들썩이는 넓은 바다가 있었다. 그 바다는 내 미래요 희망이었다. 가끔씩 울리는 뱃고동 소리는 하루빨리 도시 서울로 가라는 재촉과도 같았다. 그러나 나를 태우고 갈 배를 볼 수 없어 불안하고 초조했다. 꿈과 희망을 움켜쥘수록 남루하고 초라해지던 시절이었다.

견딤이었을까. 간절함이었을까. 이듬해 희망이라는 이름의 배를 타고 대학에 들어갔다. 서른 무렵에 결혼도 하였다. 때론 세찬 파도도 맞았고, 불타는 태양 아래 그늘 없이 지내기도 했고, 망망대해에 홀로 떠 있기도 했다. 어느 결에 훌쩍 성장한 두 딸이 선물이다. 탄력 잃은 내 모습과 놓친 꿈에 대한 아쉬움은 여전하다.

희뿌연 고요가 빈 거리에 내려앉은
바람조차 숨죽인 동네 앞길 가좌로

파리한 가로등 빛만이
그리운 사람을 기다리고 있다
엄마와 다정히 걷는 아이도
하루도 운동을 거르지 않는 아랫집 아저씨도
온 동네 폐지 모으는 등 굽은 할머니도
길을 잃었는지
누군가를 기다리는지
눈치 살피며 얼쩡거리던 길고양이조차 없다
오직
가로등 불빛과
단 한 번도 머문 적 없던 사람을 기다리며
빈 거리를 바라보는
공허한 니의 시선만이 거리를 지키고 있다.

  한밤중이다. 식구들은 잠들고 나는 노트북을 부팅한다. 깜빡이는 커서가 내 인생 행로의 등대인 양 손짓한다. 그때 그 공간 그 시절처럼 나는 보이지 않는 바다와 뱃고동 소리만을 의지하며 다시 꿈을 꾼다.

| 에필로그 |

해넘이 가는 길
산 정상을 향해 오르는 길은 버겁다.

한 발 내딛기 힘들어질 즈음
산이 내어주는 내리막길

한결 가벼워진 걸음에 콧노래 부르면
다시금 보이는 오르막길

오르락내리락하기를 몇 차례
동서남북 탁 트인 산 정상에 이른다.

아침, 점심 저녁 하루를 돌고
봄, 여름, 가을, 겨울 한 해를 돌고

거먕빛 해
서서히 산등성이로 자취를 감춘다.

해맞이 가는 길
어스름 여명 시작을 알리고

지저귀는 산새들의 응원 소리
가볍게 내딛는 발걸음

새색시 볼 닮은 기운이 하늘가 물들이며
솟아오르는 태양

두근거리는 가슴 두 손 모아
벅차게 맞이하는 새해

아직 가보지 못한 오르막 내리막길에서
다시 시작을 꿈꾼다.